via reise

Klaus Scheddel

Kühlungsborn Bad Doberan Warnemünde

Mit Heiligendamm & Rerik

via reise verlag

Inhalt

Kühlungsborner Land erleben

Orte & Landschaften

Entdeckertouren

Symbole

- ★ Highlights
- Familientipps
- Grüne Tipps
- via Tipp: Die persönlichen Empfehlungen unseres Autors

Preise für ein Doppelzimmer (mit Frühstück, Hauptsaison)

€ = bis 70 Euro
€€ = bis 140 Euro
€€€ = über 140 Euro

Kartensymbole

- Touristeninformation
- Sehenswürdigkeit
- Besonderes Gebäude
- Strand
- Aussichtspunkt
- Kirche
- Parkplatz
- Tankstelle
- Haltestelle
- Leuchtturm
- Hafen

Kühlungsborner Land erleben

Willkommen im Kühlungsborner Land

Weiße Sandstrände und wildromantische Kliffküsten, traditionsreiche Seebäder und kleine Küstenorte am Meer. Dazu ein sanft gewelltes Hinterland mit kleinen Dörfern, weiten Feldern und Wäldern, die oft bis fast an die Küste reichen. Sogar ein Mittelgebirge im Miniaturformat gibt es: die Kühlung.

Das Land zwischen Warnowmündung im Osten und Salzhaff im Westen ist ein Landstrich, in dem es viel zu entdecken gibt. Versteckte Strandabschnitte, Leuchttürme zum Besteigen, Berge und Hügel zum Wandern. Aber auch Wassersport aller Art, makellose Golf- und Tennis-Plätze, Reiterhöfe und Wellness-Resorts. In den großen Seebädern wird auf schicken Promenaden flaniert oder auf Seebrücken hinaus aufs Meer spaziert. Abseits davon locken urwüchsige Steilküsten, wo man nach Fossilien suchen kann.

Urlaubsgefühl schon bei der Anreise

Schon die Anfahrt in die großen Seebäder ist ein Erlebnis: Nach Kühlungsborn führt der schönste Weg mit dem Auto via Kröpelin und über die Kühlung. Nach dem Scheitelpunkt knickt die Landstraße scharf links ab – und vor einem liegt tief unten Kühlungsborn und die Ostsee.

Noch spektakulärer ist die Anfahrt per Bahn nach Kühlungsborn und Heiligendamm: In Bad Doberan steigt man aus dem Regionalexpress in den historischen Dampflokzug *Molli* um. Ab hier beginnt der Urlaub: In Schrittgeschwindigkeit zuckelt die Schmalspurbahn mit viel Gebimmel durch die Gassen von Bad Doberan. Dann rattert der Zug mit Tempo 40 km/h entlang der längsten Lindenallee Deutschlands, durchquert Wälder und Felder, und hält an gepflegten historischen Bahnstationen. Entschleunigung pur.

Und die Anfahrt nach Warnemünde entführt in eine maritime Welt: Hinter den letzten Häusern von Rostock-Lichtenhagen ist zunächst freies Feld, dann taucht rechter Hand die Warnemünder Werft auf. Kurz darauf sieht man oft schon die hochhaushohen Kreuzfahrtschiffe am Cruise-Terminal stehen – willkommen am Meer! Wer mit der Bahn in Warnemünde ankommt, befindet sich beim Aussteigen auch gleich auf der Warnemünder Mittelmole – und damit mittendrin im Gewusel des Hafenstädtchens. Nach zwei Minuten erreicht man die Flaniermeile am Alten Strom und kann sich treiben lassen auf die weit ins Meer reichende Westmole.

Orte mit Charakter

Die Orte im Kühlungsborner Land sind so vielgestaltig wie die Landschaft: Kühlungsborn ist das größte und typischste Seebad: Bädervillen strahlen hier in neuem Glanz, die Strandpromenade ist 3 Kilome-

Ort für Fernweh: Die Seebrücke in Kühlungsborn

Steckbrief: Kühlungsborner Land

Ausdehnung: Gut 40 Kilometer Ostseeküste und grünes Hinterland zwischen Warnowmündung im Osten und dem Salzhaff im Westen.
Landschaft: An der Ostsee Sandstrand und Steilküste, dahinter oft ein schmaler Streifen Küstenwald, teils auch Dünen. Leicht hügeliges, teils bewaldetes Hinterland, im Höhenzug Kühlung fast bergig.
Besiedlung: Die großen Seebäder Warnemünde und Kühlungsborn, die Kurstadt Bad Doberan, beschauliche Badeorte an der Küste, kleine Dörfer und Gehöfte im Hinterland. Im Osten grenzt die Region an Rostock, südwestlich liegt die alte Hafenstadt Wismar.
Verwaltung: Das Kühlungsborner Land liegt in Mecklenburg, dem westlichen Teil des Bundeslandes Mecklenburg-Vorpommern. Warnemünde ist ein Vorort von Rostock, alle anderen Orte gehören zum Landkreis Rostock.

ter lang und an der Marina fühlt man sich fast wie am Mittelmeer.

Warnemünde ist ein lebhaftes Seebad mit Hafenflair und lauschigen Altstadtgassen. Am fantastischen Sandstrand kann man den Ozeanriesen beim Ein- und Ausfahren zuschauen.

Das hübsche, ehemalige Residenzstädtchen Bad Doberan glänzt mit klassizistischen Prachtbauten ebenso wie mit dem zum Weltkulturerbe zählenden Münster. Dazu eignet sich die Stadt als Standort für Badeausflüge, Wanderungen und Radtouren gleichermaßen. Der Nobelbadeort Heiligendamm ist nach einer langen Phase des Verfalls wieder zu glanzvollem Leben erwacht. Ganz anders wieder Rerik: Das kleine Seebad zwischen Ostsee und Salzhaff scheint fast am Ende der Welt zu liegen – und hat sich zu einem unaufgeregten Urlaubsort für Familien entwickelt.

Und wer es noch ruhiger mag, wählt eines der Dörfer am Meer: Nienhagen mit seinem geheimnisvollen Gespensterwald, Börgerende mit seinen Fachwerkgehöften oder das nur aus wenigen Häusern bestehende Meschendorf, wo man abends mit der See (fast) allein ist.

Die touristische Infrastruktur ist beinahe überall gut ausgebaut. Selbst Shopping wird mittlerweile zum Erlebnis. In den drei großen Orten siedeln sich neben originellen regionalen Läden mittlerweile auch Ableger internationaler Nobelshops an.

Idyll im Hinterland

Nicht weit entfernt von den gut besuchten Stränden, belebten Promenaden und Villen im Bäderstil beginnt eine andere Welt: Kleine Dörfer, manche noch mit Häusern aus Holz und Fachwerk, die teils mit Reet gedeckt sind, liegen zwischen endlos weiten Feldern und Wiesen. Trecker tuckern übers Land, es riecht nach Kuhmist. Hier scheint mancherorts die Zeit stehen geblieben zu sein. Doch ganz so ist es nicht. Etliche abgelegene Herrenhäuser sind zu attraktiven Urlaubsquartieren umgebaut worden. Manch ein Landwirt wirtschaftet nach Bio-Norm und bietet seine Waren auch in Hofläden an. Kunsthandwerker wie Glasbläser oder Töpfer betreiben Werkstätten, in die sie die Urlauber einladen. Je weiter man sich allerdings von der Küste entfernt, desto leerer und mancherorts fast verlassen wirken die Dörfer. Besonders jüngere Mecklenburger zieht es auf der Suche nach beruflicher Existenz in die Nähe der größeren Städte oder gleich nach Hamburg oder Berlin.

Wo der Badetourismus begann

Bad Doberan war schon vor über 200 Jahren die Sommerresidenz der mecklenburgischen Herzöge. Die adligen Herrschaften schätzten die gute Luft, die Unterhaltungsmöglichkeiten des Städtchens und die Nähe zur Ostsee. In dieser Zeit wurde es allmählich Mode, im Meer zu baden. Denn nach Meinung namhafter Ärzte sollte dies der Gesundheit zuträglich sein. Also ließen sich die Sommergäste an den fünf Kilometer entfernten Strand von Heiligendamm kutschieren. Bald darauf wurden in Heiligendamm noble Gebäude für das Wohlsein der adligen Badegäste errichtet – das erste Seebad Deutschlands entstand. Heute kann man im klassizistischen Ambiente von Heiligendamm wieder nobel urlauben. Auch die alten Palais in Bad Doberan sind weitgehend restauriert, einige wurden zu Hotels und Restaurants umgebaut. Sie stehen heute für jedermann offen.

Grün vor blau: Im Kühlungsborner Land hat man vielerorts freien Blick auf's Meer

Natur & Landschaft

Lange weiße Strände, schroffe Steilküsten, dichte Küstenwälder und ein sanft gewelltes Hinterland: Die bildschöne Landschaft zwischen Warnemünde und dem Salzhaff ist ein Ergebnis der letzten Eiszeit. Damals, vor rund 16 000 Jahren, zogen sich die Eismassen, die den ganzen Kontinent bedeckten, Stück für Stück zurück und hinterließen die anmutige Landschaft, die wir heute kennen.

Von der Eiszeit geformt

Das Kühlungsborner Land gehört zum Baltischen Landrücken, einer bis zu 200 Kilometer breiten, leicht gewellten Hügelkette, die von Jütland im Westen bis Estland im Osten die südliche Ostsee umrahmt. Es ist also eine durchaus typische Ostseeküstenlandschaft – mit einer Ausnahme: Dem Höhenzug der **Kühlung.** Die Kühlung ist ein etwa 20 Kilometer langer und vier bis fünf Kilometer breiter, überwiegend bewaldeter Höhenrücken. Er ist teils über 100 Meter hoch und wird durchzogen von schmalen Senken und kleinen Bächen. Auch wenig bewachsene, höher gelegene Ebenen gibt es. Dadurch wirkt die Kühlung fast schon wie ein Mittelgebirge.

Auch die Kühlung entstand während der letzten großen Eiszeit, durch die Anhäufung von Geschiebe aus dem Norden. Deshalb gibt es hier enge Täler und steile Anstiege, wie sie sonst für die Endmoränen des Baltischen Landrückens kaum üblich sind. Die höchste Erhebung in der Kühlung ist der **Diedrichshagener Berg** mit für mecklenburgische Verhältnisse stattlichen 130 Metern Höhe.

Ihren Namen soll die Kühlung von den vielen „Kuhlen" (Senken) haben, die sich zwischen den steil aufragenden Hügeln befinden. Das Mini-Gebirge ist heute von einem vorwiegend aus Buchen und Eichen bestehenden Mischwald bewachsen, der malerisch von Feldern und Wiesen umgeben ist. Damit das auch so bleibt, ist die Kühlung weiträumig als Landschaftsschutzgebiet ausgewiesen. Der Hauptteil des 1336 Hektar großen Schutzgebietes, das bis zum Salzhaff reicht, wird landwirtschaftlich als Acker- und Grünland genutzt. Dabei ist es mittelfristig erklärtes Ziel, die intensive landwirtschaftliche Nutzung in eine nachhaltigere Bewirtschaftung zu überführen. Dadurch sollen unter anderem die Lebensräume und Brutgebiete von Vögeln erhalten werden.

Typisch für die Kühlung und ihre Umgebung sind die vielen Findlingssteine. Auch sie sind ein Überbleibsel der letzten Eiszeit, als sich die Eismassen allmählich nach Norden zurückzogen und etliche große Steinblöcke zurückließen. Diese Großsteine animierten später die Vorfahren der Mecklenburger zum Bau von Großsteingräbern. Dazu zählen auch die **Dolmen,** die man heute rund um Rerik findet (▸ Seite 113).

Der Riedensee ist nur durch einen schmalen Dünenwall von der Ostsee getrennt

Charakteristisch für die Küste zwischen Warnemünde und Rerik sind auch die schmalen Waldstreifen, die bis an den Rand der Strände oder der Kliffküste heranreichen. Diese Küstenwälder gehörten einst zu einem „Urwald", der große Teile des Landstriches bedeckte. Einige dieser Wälder sind bis heute erhalten, so zum Beispiel der eindrucksvolle, vom Wind zerzauste **Gespensterwald** bei Nienhagen (▸ Seite 63), der **Stadtwald in Kühlungsborn** sowie der **Kleine** und der **Große Wohld** rund um Heiligendamm.

Andere Küstenwälder sind erst in neuerer Zeit entstanden, wie der Waldstreifen oberhalb der Steilküste bei Rerik. Er ist erst zu Beginn des 20. Jahrhunderts angelegt worden, um den Ort besser vor Wind und Wellen zu schützen.

Als die Landschaft rund um die Kühlung zu entstehen begann, gab es die Ostsee noch nicht. Das relativ junge Meer entstand erst vor ca. 12 000 Jahren aus den Schmelzwassern der letzten Vereisungsperiode und einem Zufluss aus dem Atlantik. Ihre heutige Ausdehnung erreichte die Ostsee sogar erst vor ca. 3 000 Jahren.

Eine landschaftliche Besonderheit im Kühlungsborner Land sind auch die beiden Strandseen **Riedensee** (▸ Seite 104) bei Kühlungsborn und der **Conventer See** (▸ Seite 68) bei Börgerende. Die Strandseen sind nur durch schmale Dünenwälle von der Ostsee getrennt. Über einen Durchbruch mischt sich hier Salzwasser mit Süßwasser. Durch diese Mischung ist eine seltene und sehr reizvolle Vegetation entstanden.

Pflanzen & Tiere

Zwischen Warnemünde und Salzhaff findet man direkt an der Küste die typische Ostseeküstenvegetation: **Strandhafer** wächst auf den Dünen, ebenso wie **Strand-Mannstreu,** eine 30 bis 60 cm hohe Stranddistel, die zwischen Juni und August silbergrau blüht.

Oft sieht man auch **Sanddornsträucher,** die in der Gegend häufig als Strandbefestigung dienen, und die mit ihren Früchten im Herbst wunderschön orange leuchten. Des Weiteren finden sich gelegentlich **Meerkohl** (ein wild wachsendes Gemüse mit blaugrünen, fleischigen Blättern) und **Stechpalmen** am Strand.

Übrigens: Manche Strandabschnitte sind durch Drahtzäune abgesperrt, das Betreten ist verboten. Dadurch sollen Dünen geschützt werden, die als Rückzugsräume für empfindliche Pflanzen- und Tierarten dienen. Die Pflanzen bilden eine schützende Vegetationsdecke für die Dünen. Würde die lockere Sandschicht durch das Betreten zerstört, würde der Dünenabschnitt spätestens beim nächsten Sturm abgetragen und damit der Lebensraum dieser Pflanzenwelt und der natürliche Küstenschutz zerstört.

Hinter den Stranddünen erhebt sich der **Küstenwald,** der meist aus einem schmalen Streifen mit Mischwald besteht. Durch Wind und Sturm hat der Wald oft bizarre Formen angenommen, wie im eindrucksvollen Gespensterwald in Nienhagen (▶ Seite 63). Hier wächst übrigens auch die **Weiße Waldhyazinthe,** die zur Gattung der Orchideen zählt. Im Wald rund um Heiligendamm gibt es

Trollblumen im Sommer auf den Wiesen in der Kühlung

Sandregenpfeifer sind selten zu entdecken

Waldschlüsselblumen, die zwischen März und Mai hellgelb blühen.

Der Höhenzug der Kühlung ist geprägt durch Wälder, Moore, Felder und Wiesen. Auf sonnigen Abhängen und auf Wiesen wachsen dort **Wiesenschlüsselblumen.** Im April sieht man auf sonnigen Hängen die **Frühlingskuhschelle** mit ihren außen violetten, innen weißen Blüten. Auch **Primeln** (sie wachsen unter Laubbäumen) und **Maiglöckchen** sind zu finden.

Ebenso kommen **Trollblumen** mit ihren auffälligen gelben Blütenkugeln oft vor. Nur mit viel Glück hingegen findet man den seltenen **Bitteren Enzian** (rot, mit fünfspaltigen Blütenkronen). Auf den Waldböden gedeihen **Bärlapp** und **Wacholder.** Aus letzterem wird Schnaps hergestellt.

In der Wäldern der Kühlung leben typische Mischwaldbewohner: **Mauswiesel, Igel, Fledermäuse, Eidechsen, Blindschleichen** und **Ringelnattern.** In Moor und Heide findet sich auch vereinzelt die (giftige) **Kreuzotter,** die sich vor allem von Mäusen ernährt. Zudem sind hier Frösche und Kröten sowie viele Schnecken beheimatet.

Das Umfeld der unter Naturschutz stehenden Strandseen Riedensee (▸ Seite 104) und Conventer See (▸ Seite 68) ist ein wichtiges Brutgebiet für Wasservögel. Im Schilfgürtel und auf Salzwiesen finden hier **Graureiher, Schnepfenvögel** und einige **Entenarten** ihre Brutplätze. **Seeschwalben** und die seltenen **Sandregenpfeifer** bauen auf dem Erdboden ihre Nester.

Und wie überall an der Ostseeküste fühlen sich natürlich auch die **Möwen** im Kühlungsborner Land heimisch.

Geschichte

300 v. Chr.
Erste Siedlungen von Fischern, Ackerbauern und Viehzüchtern entstehen.

bis 600 n. Chr.
Das Gebiet der Kühlung ist von Angehörigen germanischer Stämme besiedelt.

6.–7. Jh.
Slawische Stämme wandern ein.

12. Jh.
Friesische und niedersächsische Siedler kommen in Rahmen der Christianisierung an die Ostsee und betreiben Fischerei und Landwirtschaft.

1171
Das Zisterzienserkloster in Althof bei Bad Doberan wird gegründet.

Um 1200
Die Häfen Rostock und Wismar entstehen und erlangen Bedeutung.

1618–1648
Im Dreißigjährigen Krieg wird Mecklenburg abwechselnd von schwedischen, dänischen und kaiserlichen Truppen durchquert und die Bevölkerung ausgeplündert und terrorisiert.

Ab 1648
Als Ergebnis des Westfälischen Friedens fallen Teile Mecklenburgs an Schweden. In dem zu großen Teilen verwüsteten Land setzt sich die Leibeigenschaft durch.

1701
Nach Erbstreitigkeiten wird Mecklenburg in die Herzogtümer Mecklenburg-Schwerin und Mecklenburg-Strelitz geteilt.

1785
Friedrich Franz I. wird Herzog zu Mecklenburg-Schwerin.

1793
In Heiligendamm wird von Friedrich Franz I. das erste deutsche Seebad gegründet.

1803
Friedrich Franz I. kauft große Teile der von Schweden besetzten Gebiete zurück.

1806
Napoleon besetzt das Land.

1815
Nach dem Wiener Kongress wird das Herzogtum wiederhergestellt. Im Gegensatz zu anderen Ländern wie Brandenburg-Preußen finden aber keine grundlegenden Reformen statt. Die Bevölkerung fristet ihr Dasein überwiegend als leibeigene Bauern und Tagelöhner.

1820
Die Leibeigenschaft wird aufgehoben, die sozialen und wirtschaftlichen Verhältnisse bleiben rückständig.

1886
Die Schmalspurbahnstrecke *(Molli)*

Friedrich Franz I., der erste Ostseebadegast

Vielerorts im Kühlungsborner Land stößt man auf die Spuren von Friedrich Franz I., dem einstigen Großherzog von Mecklenburg-Schwerin. Straßen sind nach ihm benannt, in Bad Doberan hat er die eindrucksvollen Palais am Kamp bauen lassen und in Heiligendamm wird er mit einem Gedenkstein geehrt.

Friedrich Franz I. regierte Mecklenburg-Schwerin von 1785 bis 1837 (mit Unterbrechungen während der Besetzung durch Napoleon). Die Zeit seiner Regentschaft gilt bis heute als Zeit des Aufbruchs für Mecklenburg. Er vergrößerte seine Herrschaft und erwarb die altmecklenburgischen Besitzungen Wismar, Poel und Neukloster von Schweden zurück. Doberan ließ der Herzog zur fürstlichen Residenz ausbauen.

Vor allem aber gilt Friedrich Franz I. als Pionier des Badetourismus in Deutschland: Ihm ist es zu verdanken, dass 1793 am Strand von Heiligendamm, 6 Kilometer von der Residenz Doberan entfernt, das erste Badehaus eingeweiht wurde. Angeregt worden war er dazu wohl von Berichten aus England, wo es schon länger Mode war, im Meer zu baden. Bald war klar, dass man in Heiligendamm ein richtiges Seebad brauchte, mit Kurhaus, Logiergebäuden und vielem mehr. Es entstand das zunächst dem Adel vorbehaltene Seebad Heiligendamm mit seinen klassizistischen Gebäuden, die *Weiße Stadt am Meer* (▸ Seite 84). Auch die Initiative zum Bau der Eisenbahn von Doberan zur Ostseeküste ging von Friedrich Franz I. aus. Damit sollte die Fahrt ins Seebad schneller und moderner werden.

Friedrich Franz I. war kein Kind von Traurigkeit: Er galt als volkstümlich, trank gern Alkohol und war häufiger Gast in der von ihm eingerichteten Spielbank in Bad Doberan. Neben sechs ehelichen Kindern zeugte er fünf weitere Nachkommen mit verschiedenen Geliebten. Heute kann übrigens jedermann im Großherzoglichen Logierhaus in Bad Doberan (*Hotel Friedrich-Franz Palais* ▸ Seite 79) essen und übernachten, vorausgesetzt man hat das nötige Kleingeld dazu.

Friedrich Franz I. ist im Doberaner Münster beigesetzt.

von Bad Doberan nach Heiligendamm wird eröffnet.

Ende des 19. Jhs.

Der Tourismus gewinnt an Bedeutung, die Seebäder erleben ihre erste Blüte.

1910

Die Schmalspurbahn wird bis Arendsee, dem späteren Kühlungsborn West, ausgebaut.

1912

In Hohe Düne bei Warnemünde wird ein Marineflugplatz eröffnet, der bald auch als Verkehrsflugplatz genutzt wird.

1933

Nach dem Machtantritt der Nazis baut die Reichswehr auf der Halbinsel Wustrow bei Rerik (damals noch Alt Gaarz) eine Flak-Artillerieschule samt Kaserne für 3000 Soldaten.

Strandbetrieb in Warnemünde (1963)

1938

Brunshaupten-Arendsee wird in Ostseebad Kühlungsborn umbenannt. Aus Alt Gaarz wird Rerik.

Zweiter Weltkrieg

Hotels in Kühlungsborn und Heiligendamm werden als Lazarette genutzt.

1942–1945

Schwere Bombenangriffe der Alliierten auf Wismar und Rostock, auch der Militärstützpunkt auf der Halbinsel Wustrow bei Rerik wird wiederholt bombardiert.

1945

Sowjetische Besetzung.

1945–1948

Bodenreform in der SBZ, Großgrundbesitzer mit mehr als 100 ha Fläche werden entschädigungslos enteignet. Bildung des Landes Mecklenburg-Vorpommern (ab 1947 nur noch Mecklenburg genannt).

1949

Gründung der DDR.

1952

Die DDR-Länder werden in Bezirke aufgeteilt. Die gesamte Ostseeküste gehört zum Bezirk Rostock.

1953

Die Hotels werden in der Aktion Rose enteignet, viele Besitzer flüchten nach Westdeutschland. Die Unterkünfte werden von volkseigenen Betrieben, vom Gewerkschaftsbund und anderen staatlichen Einrichtungen übernommen.

1960
Kollektivierung der Landwirtschaft in der DDR. Alle Bauern müssen ihr Land in die neu gegründeten Landwirtschaftlichen Produktionsgenossenschaften (LPGs) als Produktivvermögen einbringen.

1961
Mauerbau. An der Ostseeküste entstehen Wachtürme, nachts darf der Strand nicht betreten werden.

1968
In Warnemünde wird die Großgastronomie-Einrichtung *Teepott* mit dem charakteristischen Hyperschalendach gebaut. Zusammen mit dem historischen Leuchtturm wird das Gebäude zum neuen Wahrzeichen des Seebades.

4. Dez. 1989
In Bad Doberan wird die Kreisdienststelle der Stasi von Bürgern besetzt.

1990
Die Touristenzahlen an der ostdeutschen Ostseeküste gehen zunächst dramatisch zurück. Die meisten Seebäder machen einen heruntergekommenen Eindruck, die Qualität der Unterkünfte ist nach Jahren der Vernachlässigung schlecht, gute Gaststätten gibt es kaum.

3. Okt. 1990
Mit der deutschen Wiedervereinigung werden auch die touristischen Betriebe an die ehemaligen Eigentümer zurückgegeben. Die Tourismuswirtschaft muss sich völlig neu aufstellen.
In der Folge erlebt der Tourismus einen gewaltigen Aufschwung und wird zum wichtigsten Wirtschaftsfaktor im Kühlungsborner Land.

1991
In Kühlungsborn wird die neue Seebrücke eingeweiht.

2003
Der Warnowtunnel wird eröffnet. Die mautpflichtige Schnellstraße zwischen Rostock-Überseehafen am Ende der A19 verkürzt die Reisezeit aus Richtung Berlin nach Warnemünde.
In Heiligendamm eröffnet das *Grand Hotel*.

2005
Das Warnemünder Cruise Center wird eröffnet. Warnemünde ist der wichtigste Kreuzfahrthafen an der deutschen Ostseeküste. Die Ostseeautobahn A20 wird fertiggestellt.

Sommer 2007
G8-Gipfel der wichtigsten Regierungschefs der Welt in Heiligendamm, das weiträumig abgesperrt ist. In Kühlungsborn befindet sich das Pressezentrum, die Journalisten dürfen nur mit der Schmalspurbahn *Molli* nach Heiligendamm fahren. Bad Doberan wird Stützpunkt der Globalisierungsgegner.

2011
Der Landkreis Bad Doberan wird im Zuge der Verwaltungsreform mit dem Landkreis Güstrow zusammengelegt. Der neue Großkreis nennt sich Landkreis Rostock. Bad Doberan bleibt Amtssitz.

Kultur & Lebensart

Das Kühlungsborner Land heute

Eigentlich ist die Geschichte der Küstenregion seit der Wende 1989 eine Erfolgsgeschichte: Aus halb verfallenen Städten und Dörfern mit lieblosen DDR-Urlauberheimen sind strahlende Seebäder und schmucke Orte geworden. Ein Großteil der traditionellen Bauten des Bäderstils wurde renoviert, eine beispielhafte Infrastruktur geschaffen, die Natur vielerorts geschützt. Zahlreiche komfortable Hotels, Pensionen und Ferienwohnungen sind in historischen Gebäuden entstanden oder wurden neu gebaut. Überwiegend wurde darauf geachtet, das überlieferte Seebäderambiente zu erhalten oder wiederherzustellen.

Ein Paradies am Meer? Ja, allerdings in erster Linie für die Urlauber. Viele Einheimische sehen die Entwicklung eher kritisch. Von den Industriearbeitsplätzen, die es in Bad Doberan oder im nahen Rostock gab, sind die meisten verschwunden. Die Werft in Warnemünde hat nur noch 900 statt 7000 Arbeitsplätze. Die großen Fischkombinate sind verschwunden – in Warnemünde gibt es noch fünf, in Kühlungsborn gerade noch drei hauptberufliche Fischereibetriebe.

Chancen bietet der Tourismus – aber vor allem in unsicheren Saisonarbeitsplätzen mit bescheidenen Gehältern. Manch ein ehemals geschätzter Werktätiger verdingt sich im Sommer als Strandkorbverleiher und lebt im Winter von staatlichen Transferleistungen.

Doch auch manche der materiell Bessergestellten sehen einige Veränderungen seit der Wende kritisch. Weil mit der Attraktivität der Seebäder auch die Mieten dort steigen, ist es für Vermieter lukrativer, Ferienwohnungen zu vermieten. Und manche alteingesessenen Kühlungsborner oder Warnemünder müssen sich eine Wohnung weiter landeinwärts suchen.

Viele Menschen sehen auch ein Grundübel darin, dass nach der Wende das Prinzip „Rückgabe vor Entschädigung" galt. Das führte dazu, dass manche Mieter und Eigentümer aus DDR-Tagen ihre Wohnungen und Häuser verlassen mussten, als die Alteigentümer ihre Ansprüche anmeldeten. Und auch dazu, dass manche Alteigentümer ihre Immobilien verkommen lassen, die Besitzverhältnisse ungeklärt sind oder Spekulation mit Gebäuden betrieben wird. So gibt es bis heute in vielen Orten auch noch verfallene Bauwerke. Nicht selten sind diese denkmalgeschützt, wie die Villa Baltic in Kühlungsborn oder die „Perlenkette" in Heiligendamm.

Nicht zuletzt klagt man über die Investoren, z.B. die Fundus-Gruppe, die das Grand Hotel Heiligendamm aufbaute und ihr Gelände seitdem von Nicht-Hotelgästen abschirmt. Manche fragen sich, warum in Kühlungsborn die Mehrzahl der vielen Beherbergungsbetriebe nur zwei Hotelkonzernen gehört. Mittlerweile wird aber auch anerkannt, dass Groß-

In der Alexandrinenstraße stehen die ältesten Häuser Warnemündes

Investoren viel Geld mitgebracht haben und so ihren Teil zum Aufschwung beigetragen haben. So wurde Heiligendamm im Jahr 2003 durch das Grand Hotel überhaupt erst wieder als Badeort zum Leben erweckt. Heute ist das Grand Hotel einer der größten Arbeitgeber in Bad Doberan.

Architektur im Kühlungsborner Land

Drei historische Baustile prägen bis heute die Städte und Dörfer im Kühlungsborner Land: Das Niederdeutsche Bauernhaus, die Backsteingotik und der klassizistische Bäderstil.

In Dörfern, aber auch am Rand von Kühlungsborn, findet sich noch das **Niederdeutsche Bauernhaus,** ein im 13.–15. Jahrhundert aufgekommenes Wohnstallhaus in Fachwerkbauweise. Es ist ein *Hallenhaus,* bei dem Wohnung, Stall und Scheune in einem einzigen großen Gebäude untergebracht sind. Hier lebte die bäuerliche Großfamilie mit ihrem Vieh unter einem Dach. Charakteristisch sind die weit heruntergezogenen Dächer auf den Langseiten, die früher mit Stroh gedeckt waren. Die Giebel sind mit Symbolen verziert, häufig mit stilisierten Pferdeköpfen, die das Haus vor Unglück und Krankheit schützen sollten. Diese ländlich-bäuerliche Hausform war bis zu ihrem Niedergang im 19. Jahrhundert in der gesamten Norddeutschen Tiefebene weit verbreitet. In Kühlungsborn stehen noch Niederdeutsche Bauernhäuser an der Schlossstraße und der Ernst-Rieck-Straße.

Eindrucksvolle Monumente hat die norddeutsche **Backsteingotik** in ganz Mecklenburg hinterlassen. Ein herausragendes Bauwerk ist das **Münster** in Bad Doberan (▸ Seite 75). Der 1368 vollendete Bau wurde nach

Fachwerkhaus in Börgerende

Auf dem Fischmarkt in Warnemünde hört man Mecklenburger Platt

dem Vorbild französischer Kathedralen errichtet. Die Kirche war bis zur Mitte des 16. Jahrhunderts die Klosterkirche des Zisterzienser-Klosters in Doberan. Die überaus reiche Innenausstattung stammt aus dem 14. Jahrhundert.

Die **St.-Johannes-Kirche** in Rerik ist ein frühgotischer Backsteinbau auf einem Feldsteinsockel. Sie wurde nach 1250 errichtet. Die sehenswerte farbenprächtige Ausmalung der Kirche stammt aus dem Jahr der Renovierung 1668.

Großartige **klassizistische Palais** und herrschaftliche Gebäude des entstehenden Bädertourismus kann man in Bad Doberan bestaunen. Sie entstanden Anfang des 19. Jahrhunderts für die fürstliche Sommerresidenz.

Von Gebäuden im prächtigen **Bäderstil** ist Kühlungsborn geprägt (▸ Seite 96). Die verspielt wirkenden Bauwerke wurden großenteils Ende des 19. bis Anfang des 20. Jahrhunderts für die wachsende Zahl von Sommergästen gebaut. Auffällig sind die großzügigen Balkone, die Balustraden und Glasveranden. Oft haben die Bädervillen auch große Rundbogen- oder Rechteckfenster. Die Dachgeschosse sind häufig geprägt von Dreiecksgiebeln oder kleinen Türmchen.

Der Bäderstil ist streng genommen kein eigener Baustil, sondern kombiniert klassische Formen und Jugendstilornamente sehr frei miteinander. Oft hat man die Fassaden in einem vornehmen Weiß gehalten, wie zum Beispiel bei der *Weißen Stadt* in Heiligendamm (▸ Seite 84).

Im alten Ortskern von Warnemünde sieht man eine Art Vorform des Bäderstils: Hier wurden den alten Fischerkaten und Bauernhäusern einfache Holz-Glasveranden vorgebaut (▸ Seite 46).

Frisch aus dem Räucherofen schmeckt der Aal am besten

Mecklenburger Platt

Im Kühlungsborner Land sprechen vor allem ältere Menschen noch das Mecklenburger Platt, eine Variante des Niederdeutschen. Es wurde durch die friesischen Siedler hierher gebracht, die ab ca. 1200 hierher kamen. Das Niederdeutsche war in ganz Norddeutschland lange Zeit sogar offizielle Sprache. Nach der Reformation wurde es in der Oberschicht zugunsten des Hochdeutschen zurückgedrängt, blieb aber bis ins 20. Jahrhundert die Umgangsprache des einfachen Volkes. Bis heute ist es vor allem auf dem Land verbreitet und als Regionalsprache durch die EU geschützt.

Die mecklenburgische Küche

Der Schriftsteller Carl Julius Weber schrieb im 18. Jahrhundert über die Essgewohnheiten der Mecklenburger: „Das Volk lebt meist von Kartoffeln, von dürrem Obst, von Weißkraut, Rüben und Pferdebohnen!"

Heute ist der Speiseplan natürlich viel ausgefeilter, doch ist die **mecklenburgische Küche** von der jahrhundertelangen Armut der Region geprägt. Man kocht bodenständig und deftig. Fisch aus der Ostsee und den Binnengewässern, aber auch Fleisch spielen eine wichtige Rolle. Dank der ausgedehnten Wälder stehen oft auch Wildgerichte auf der Speisekarte.

Es wird viel mit bodenständigen Beilagen wie Kartoffeln, Grünkohl und Süß-Saurem gekocht. Zum Beispiel *Himmel und Erde:* Kartoffeln mit Äpfeln und Blutwurst.

Traditionell werden reichlich Fett und gern auch Innereien verwendet, ergänzt mit Fruchtigem wie beim *Mecklenburger Rippenbraten* (Schweinebauch mit Deckfleisch der Rippen, mit Backpflaumen, Äpfeln und Rosinen gefüllt, dazu Kartoffeln oder Klöße mit Rotkohl).

Insgesamt ist die Küche typisch nordostdeutsch, und sie unterscheidet sich nur wenig von der Vorpommerschen Küche. Mecklenburg und Vorpommern hatten zwar eine lange, voneinander unabhängige geschichtliche Entwicklung, doch waren Landschaft, Lebensverhältnisse und Ernährungsgewohnheiten seit jeher sehr ähnlich.

Längst gibt es auch eine gehobene mecklenburgische Küche, davon zeugen zum Beispiel die jährlich im Herbst stattfindenden Kühlungsborner Gourmet-Tage. Die **Neue Mecklenburgische Küche** nimmt die Traditionen auf, präsentiert sich aber leichter und bekömmlicher. Sie verwendet gern Fisch aus heimischen Gewässern und regionale Produkte wie Kartoffeln oder Rüben.

Unbedingt sollte man **Fisch aus der Region** probieren, zum Beispiel Dorsch, Hering, Butt, Scholle, Hornfisch (letzterer nur im Mai) aus der Ostsee. Aus den Binnengewässern kommen Zander und Aal. Eine Spezialität ist der Räucherfisch, der vielerorts in Ostseenähe frisch aus dem Räucherofen angeboten wird, beispielsweise auf dem Fischmarkt in Warnemünde, der jeden Samstag und Sonntag stattfindet (▸ Seite 55).

Feste & Veranstaltungen

Die Termine können von Jahr zu Jahr variieren, deshalb sollte man für eine genaue Planung im Internet nachsehen oder bei den Touristeninformationen nachfragen.

Warnemünde

1. Januar
Leuchtturm in Flammen:
Spektakel am historischen Leuchtturm, der mit Feuerwerk und Lichtspielen in Szene gesetzt wird.

Ende April/Anfang Mai
Stromerwachen:
Frühlingsfest mit vielen Marktständen und Drehorgeltreffen am Alten Strom.

Juni–September
Kunstmarkt am Leuchtturm: Künstler und Kunsthandwerker bieten ihre Werke am Platz vor dem Leuchtturm an.
Jeweils an zwei Donnerstagen im Monat.

Juli
Warnemünder Woche:
Internationales Seglertreffen mit großem Beiprogramm in der ganzen Stadt, darunter Konzerte, Bühnenprogramm und eine bunte Bummelmeile.

Anfang/Mitte August
HanseSail:
Traditionssegelschiffe aus aller Welt kommen nach Warnemünde und Rostock. Highlight sind die Regatten der Schoner und Rahsegler. Ein besonderes Bonbon: Zuschauer können auf der Regatta von Warnemünde nach Kühlungsborn mitsegeln.
www.hansesail.com

Letzter Sonntag im August
BioErleben:
Größter Bio-Markt Mecklenburgs an der Strandpromenade. Bio-Strandbauernhof für Kinder, Modenschau mit Naturmoden junger Designer, Informationen aller Art und viele Stände mit Bio-Lebensmitteln.
www.bio-mv.de

Erstes September-Wochenende
Stromfest:
Marktmeile am Alten Strom mit Bootskorso, Feuerwerk und Wahl des Dorschkönigs (das ist der Angler, der den längsten Dorsch fängt)

Bad Doberan & Heiligendamm

Mai
Bikergottesdienst:
An einem Sonntag kommen aus allen Teilen Deutschlands Tausende von Motorradfans zum großen Open-Air-Gottesdienst am Doberaner Münster.
www.bikergottesdienst.de

Mitte Juni
Wasserfest AQUAnostra:
Beim historischen Anbaden an der Seebrücke in Heiligendamm lädt ein Großherzog-Friedrich-Franz-Double zusammen mit seinem Leibarzt zum Baden in historischen Badekostümen ein.

Juni–September
Sommerkonzertreihe Münster, Molli & Musik:
Jeden Freitag um 19.30 Uhr klassische Konzerte im Münster. Ein Shuttle-Bus-Service bringt Besucher nach dem Ende der Konzerte zurück in mehrere Urlaubsorte.
www.muenster-doberan.de

Anfang August
Zappanale:
Seit 1990 treffen sich Fans der verstorbenen Rocklegende Frank Zappa für drei Tage im August zum großen Open-Air-Festival auf der Trabrennbahn. Musiker, die früher mit dem Star gespielt haben, treten auf, Zappa-Coverbands und andere Gruppen. Seit 2002 ehrt die Stadt den Musiker auch mit einem Denkmal am Alexandrinenplatz.
www.zappanale.de

Mitte August
Doberaner Renntage:
Auf Deutschlands ältester Pferderennbahn können Besucher bei sommerlichen Temperaturen den Pferderennsport live erleben. Dazu gibt es ein großes Fest mit Ponyreiten, Hutwettbewerb und Rodeoreiten.
Tel (03 82 03) 176 40
www.doberaner-renntage.de

Kühlungsborn

Ganzjährig
Kammermusiktage in der Kunsthalle:
Übers ganze Jahr verteilt finden im Rahmen der Kammermusiktage klassische Konzerte in der Kunsthalle statt.

Juli
Jazz-Meeting:
Jazz-Musiker verschiedener Richtungen treten an vier Tagen im Juli in Kühlungsborn auf.

August
Internationales Gitarrenfestival:
Eine Woche lang gibt es täglich Konzerte in der Kunsthalle.

Oktober
Kleinkunst- und Kabaretttage:
Bissiges Entertainment vier Tage lang im Oktober.

November
Gourmettage:
8 Tage lang tischen Köche in verschiedenen Hotels das beste ihrer Kunst auf.
www.gourmet-tage.com

Rerik

3. Wochenende im August
Kleines Theaterfestival:
Puppentheater, Musicals und Kabarett auf dem Haffplatz.

1. Wochenende im September
Lichterfest mit Schwimmkerzen auf dem Salzhaff.

Anfang Oktober
Sansibar – Reriker Kulturtage:
In Anlehnung an Alfred Anderschs Roman-Titel findet jedes Jahr in und um Rerik ein kleines Kulturfestival statt. Geboten werden Konzerte, Theateraufführungen, Lesungen und Ausstellungen.
www.sansibar-rerik.de

Ankommen & Wissenswertes

Mit dem Auto

Aus Richtung Süden (Berlin) fährt man über die A24 und A19 Richtung Rostock. Die Fahrt von Berlin nach Warnemünde dauert ca. 2,5 Stunden, wenn man den mautpflichtigen Warnowtunnel (B105) benutzt. Über die A20 und B109 ist die Fahrt ca. 15 Minuten länger. Nach Kühlungsborn fährt man von Berlin über Bad Doberan ca. 2 Stunden 50 Minuten (A24, A19, A20 bis Abfahrt Bad Doberan).

Aus Richtung Westen fährt man über die A1 und die Ostseeautobahn A20. Ab Hamburg braucht man jeweils gut 2 Stunden bis nach Kühlungsborn (Abfahrt Kröpelin), Bad Doberan oder Warnemünde.

Mit der Bahn

Das Kühlungsborner Land ist gut per Bahn zu erreichen. Die wichtigsten Bahnhöfe sind Warnemünde und Bad Doberan.

Warnemünde ist von Berlin direkt oder mit Umsteigen in Rostock zu erreichen (Fahrzeit 2,5 bis 3 Stunden). In der Sommersaison (Anfang Apr.–Anfang Sep.) verkehrt ein ICE Montag bis Freitag (zurück Di–Sa) von München über Nürnberg, Jena, Leipzig, Berlin und Rostock nach Warnemünde.

Der **Warnemünde-Express** der Deutschen Bahn verkehrt während der Saison samstags und sonntags zwischen Berlin und Warnemünde, außerhalb der Saison samstags nach Warnemünde und sonntags zurück nach Berlin.

Spartipp ab Leipzig und Berlin: Die private **InterConnex-Bahn** bietet im Internet ihre tägliche Direktverbindung Leipzig–Berlin–Rostock–Warnemünde zu günstigen Preisen an.

www.interconnex.com

Die Deutsche Bahn hat ab Berlin und Brandenburg das relativ preiswerte **Ostseeticket** im Angebot.

www.bahn.de

Ab Hamburg dauert die Fahrt nach Warnemünde via Rostock ebenfalls 2,5 bis 3 Stunden.

Bad Doberan erreicht man mit Umsteigen in Rostock (Fahrzeit ab Berlin 3 Stunden 40 Minuten, ab Hamburg 2 Stunden 50 Minuten).

Um nach **Kühlungsborn** zu gelangen, steigt man in Bad Doberan in die Schmalspurbahn *Molli* (▸ Seite 82) um oder nimmt ab Rostock HBF den Bus.

Nach **Rerik** verkehren ebenfalls Busse ab Rostock HBF über Kühlungsborn.

Mit dem Fernbus

Fernbusse sind meist die billigste Reisemöglichkeit. MeinFernbus.de fährt mehrmals täglich von Berlin ZOB über Rostock nach Warnemünde (Jugendherberge). Fahrzeit gut 3 Stunden.

Tel (01 80) 5 15 99 15 | www.meinfernbus.de

Ende April bis Anfang Oktober fahren jeden Freitag und Sonntag Fernbusse von Berlin nach Rerik und Kühlungsborn. Da die Busse über Schwerin und Wismar fahren, dauert die Fahrt bis Kühlungsborn 4 Stunden

Die längste Lindenallee Deutschlands führt von Bad Doberan nach Heiligendamm

25 Minuten (ab ZOB). Der Bus startet an beiden Tagen morgens um 8 Uhr.
www.berlinlinienbus.de

Mit dem Fahrrad

Das Kühlungsborner Land liegt am Ostseeküstenradweg, einem der schönsten Fernradwege Deutschlands. Starten kann man zum Beispiel in Wismar oder auch Warnemünde.

Mit dem Flugzeug

Der Flughafen Rostock-Laage wird derzeit innerdeutsch von Köln/Bonn (freitags und sonntags, im Sommerhalbjahr auch donnerstags), München (freitags und sonntags, im Sommer auch samstags) und Stuttgart (freitags und sonntags) angeflogen.
www.rostock-airport.de

Zu den Abflugs- und Ankunftszeiten besteht eine Busverbindung nach Rostock.

Ein direkter Shuttle-Service nach Warnemünde, Bad Doberan, Heiligendamm und Kühlungsborn muss drei Tage im Voraus gebucht werden. Informationen dazu auf:
www.auf-nach-mv.de/flug oder unter Tel (03 81) 4 03 05 00

Allgemeine Informationen

Nützliche Adressen

Neben den Touristinfo-Büros der einzelnen Seebäder (siehe Ortskapitel) bieten folgende Verbände umfassende Auskunft und Dienstleistungen für die Gäste:

Tourismusverband Mecklenburg-Vorpommern
Platz der Freundschaft 1
18059 Rostock
Tel (03 81) 4 03 05 50
www.auf-nach-mv.de

Verband Mecklenburgische Ostseebäder e. V.
Uferstraße 2
18211 Nienhagen
(03 82 03) 7 76 10
www.ostseeferien.de

Kurtaxe

In allen Seebädern und in Bad Doberan wird eine Kurtaxe erhoben. Die Kurtaxe beträgt je nach Ort zwischen 1 und 2,50 € pro Tag/Person (Kinder meist bis 12 Jahre frei). Mit der Kurtaxe finanzieren die Gemeindeverwaltungen die Pflege der Strände, Kureinrichtungen und mehr. Als Gegenleistung erhält der Gast bei Vorlage seiner Kurkarte vielerorts ermäßigten Eintritt in Museen, bei Führungen und bei Veranstaltungen der Kurverwaltung. Die Kurtaxe wird in der Regel im Hotel bzw. in der Unterkunft bezahlt. Für Tagesgäste stehen vielerorts Automaten am Strandzugang, an denen man Tageskurkarten kaufen kann. Allerdings werden Badegäste nur selten kontrolliert.

Tanken

Tankstellen gibt es unter anderem in Warnemünde, Diedrichshagen, Bad Doberan, Kröpelin, Kühlungsborn und Bastorf.

Parken

Die Zentren von Warnemünde und Kühlungsborn sind verkehrsberuhigt und teilweise gesperrt. Es empfiehlt sich unbedingt, das Auto auf den großen kostenpflichtigen Parkplätzen an den Ortseingängen stehen zu lassen.

Medientipps

Presse

Die regionalen Tageszeitungen sind *Ostseezeitung* und *Norddeutsche Neueste Nachrichten (NNN)*.

Internet

Aktuelle Nachrichten aus Mecklenburg-Vorpommern kann man auf **www.mvticker.de** lesen.

Fast alles über Geschichte und Gegenwart von Bad Doberan und von Heiligendamm erfährt man auf der Seite **www.zeit-am-meer.de.**

Das Internet-Portal **www.der-warnemünder.de** ist eine gelungene Mischung aus Information, Geschichte, Kultur und Tipps aller Art. Für Warnemünder und Gäste gleichermaßen.

Für Besucher ebenfalls hilfreich ist die Seite **www.warnemuende-infos.de,** die neben praktischen Informationen, zum Beispiel über Parkplätze, auch Sehenswürdigkeiten anschaulich beschreibt.

Die Seite **www.ostseeguide.de** bietet Reiseberichte und Tipps von der Ostseeküste.

Buchtipps

Alfred Andersch
Sansibar oder der letzte Grund
(Diogenes 2006)
In dem Roman ist eine Hafenstadt namens Rerik der Hauptschauplatz der Handlung. Im Mittelpunkt stehen vier Personen, die aus verschiedenen Gründen aus Nazi-Deutschland flüchten müssen.

Jürgen Borchert
Mecklenburg. Ein Anekdotenbuch
(Hinstorff 1997)
Spannende Anekdoten, in denen Persönlichkeiten Mecklenburgs vorgestellt werden. Von Blücher bis Reuter, von Friedrich Franz I. bis Albert Einstein.

Edelgard und Klaus Feiler
Die verbotene Halbinsel Wustrow
(Ch. Links 2004)
Ausführlicher Text-Bild-Band zur Geschichte der „verbotenen“ Halbinsel Wustrow bei Rerik.

Frank Goyke
Mörder im Gespensterwald
(Hinstorf 2012)
Im Nienhäger Gespensterwald wurde eine vierköpfige Familie aus Schweden regelrecht massakriert. Spannender Thriller aus der Reihe Ostseekrimi.

Peter Wawerzinek
Rabenliebe
(Galiani Verlag)
Autobiografischer Roman über eine Kindheit als Waisenkind in Mecklenburg, eine wichtige Rolle spielt dabei der Gespensterwald in Nienhagen.

Ehm Welk
Die Heiden von Kummerow
(Hinstorf 2008)
1937 erstmals erschienener Roman über eine Jugend in einem nordostdeutschen Dorf, (siehe auch Ehm-Welk-Haus ▸ Seite 78).

Klima

Das Klima an der Ostseeküste ist geprägt von kontinentalen wie von maritimen Einflüssen. Das Wetter ist daher in ein und derselben Jahreszeit mitunter recht unterschiedlich. Die Sommer können heiß und trocken sein oder feuchte und kühle Perioden haben. Im Winter kann es an der Küste kalt werden – oder auch nicht. Charakteristisch für die Küstenregion ist die oftmals starke Brise von der Seeseite. Allerdings gibt es auch nahezu windstille Zeiten.

Zu jeder Jahreszeit sollten Regenbekleidung und feste Schuhe im Gepäck sein. Da stets ein kräftiger Wind auffrischen kann, sei auch ein Schutz für die Ohren empfohlen. Sonnenschutzcreme mit hohem Lichtschutzfaktor ist besonders bei Kindern unumgänglich – wegen des Windes spürt man die starke Sonneneinstrahlung häufig nicht. In der Vor- und Nachsaison sollte man Schal und Mütze nicht vergessen, im Winter auch lange Unterwäsche – am Strand kann es mächtig ziehen.

Reisezeit

Auch wenn die Mehrzahl der Besucher im Sommer an die Ostseeküste strömt, so ist sie doch längst ein Ganzjahresreiseziel. Die neue Saison beginnt an Ostern. Dann werden die ersten Strandkörbe herausgestellt, die großen Seebäder erwarten den ersten Besucheransturm des Jahres. März und April sind auch die besten Monate zur Vogelbeobachtung.

Für Naturfreunde dürften Mai und Juni die schönsten Monate im Kühlungsborner Land sein: Die Küstenlandschaft blüht auf, die Pflanzenwelt zeigt sich besonders an den Hängen der Kühlung in prachtvollen Farben.

Die beliebtesten Reisemonate sind Juli und August. Wer ab Mitte Juli herkommt, sollte sein Quartier lange vorher gebucht haben – die begehrtesten Ferienwohnungen sind oft schon ein Jahr im Voraus ausgebucht. Die Ostsee erwärmt sich allmählich, im August erreicht sie ihre maximale Temperatur (durchschnittlich 18 °C). Bei schönem Wetter pulsiert das Strandleben, auf den Promenaden in Warnemünde und Kühlungsborn drängen sich die Besucher.

Der September ist der vielleicht entspannteste Monat für eine Ostseereise. Der Hauptansturm der Urlauber ist vorbei, man kann noch in der Ostsee baden. Im Oktober verfärben sich die Wälder in der Kühlung und an der Küste gelb-rot, das Wetter ist oft noch mild.

Nach dem 3. Oktober und dem Ende der Herbstferien geht es auch in den großen Seebädern eher beschaulich zu. Manche touristischen Einrichtungen haben dann allerdings reduzierte Öffnungszeiten oder schließen ganz. Der Winter eignet sich besonders gut für einen Wellnessurlaub, nicht zuletzt wegen verlockender Angebote. Nur von Weihnachten bis Neujahr ist dann wieder Hochsaison. Die Zeit des Jahreswechsels an der Küste ist beliebt als Kurzurlaub, Unterkünfte müssen frühzeitig gebucht werden.

Hafenpromenade in Kühlungsborn

Zimmerpreise

Preise für ein Doppelzimmer (mit Frühstück, Hauptsaison)

€ = bis 70 Euro

€€ = bis 140 Euro

€€€ = über 140 Euro

Übernachten

Das Angebot an Unterkünften ist riesig, viele sind neu und komfortabel, die Mehrzahl schick und nicht billig. Die meisten wurden nach 1990 grundlegend renoviert oder neu gebaut. Dabei gibt es Hotels und Ferienwohnungen aller Kategorien, vom einfachen „Bungalow" aus DDR-Zeiten bis zum 5-Sterne-Plus-Hotel.

In Warnemünde gibt es das größte Angebot an Ferienwohnungen, in Kühlungsborn die meisten Hotels, in Heiligendamm das nobelste Ambiente. Rerik ist ein unaufgeregter Familienurlaubsort mit vielen Ferienwohnungen. Etwas preisgünstiger logiert man oft in den kleineren Seebädern Nienhagen und Börgerende, allerdings benötigt man hier meist ein Auto, um hin- und herumzukommen. Jugendherbergen gibt es in Warnemünde, Kühlungsborn und Bad Doberan, Campingplätze finden sich in Kühlungsborn, Markgrafenheide, Rerik, Rerik-Meschendorf und Börgerende. Bad Doberan eignet sich als schöner, kleinstädtischer Urlaubsort im Binnenland mit etwas niedrigeren Preisen. Den 6 Kilometer entfernten Ostseestrand erreicht man von hier aus gut mit Rad, Bus, Auto oder der Kleinbahn *Molli* (▶ Seite 82).

Trotz der großen Auswahl ist es in der Hochsaison nicht leicht, kurzfristig eine gute und bezahlbare Unterkunft zu finden. Es ist daher empfehlenswert, auch im Internet nach Angeboten zu suchen.

Hotels und Pensionen zu günstigen Preisen findet man manchmal über Reservierungs-Webseiten wie *www.hrs.de* oder *www.booking.com.* Auch über die Internetseiten der örtlichen Tourist-Informationen kann man sich viele Angebote ansehen (▶ Ortskapitel). Der Tourismusverband Mecklenburg-Vorpommern bietet besonders außerhalb der Saison günstige Pauschalangebote.

www.auf-nach-mv.de |
Tel (03 81) 4 03 05 50

Die schönsten Strände

Warnemünde: Der breiteste Strand (bis zu 100 Meter) der mecklenburgischen Ostseeküste mit feinem weißem Sand. Nach Westen wird er allmählich schmaler und geht nach einigen Kilometern in steinige Abschnitte unterhalb der Steilküste über. Im Sommer stark frequentiert, Mangel an Parkplätzen.

Östlich der Warnow zieht sich feiner Sandstrand ab Hohe Düne (▶ Seite 56) über Markgrafenheide (▶ Seite 58) und weiter über Graal-Müritz bis zum Fischland. Ein gute Alternative, wenn an es an heißen Tagen in Warnemünde gar zu voll wird. Essen und Trinken kann man nur in den Ortslagen erstehen. An Wochenenden scheinen die Rostocker alle Parkplätze in Strandnähe zu besetzen, also besser mit Rad oder Bus (ab Fähre Hohe Düne) hinfahren.

Nienhagen: Der Strand besticht durch seine schöne Lage direkt unterhalb der Steilküste des Ortes. Sandstrand, selten überfüllt, Gastronomie gleich oberhalb im Ort. Parkplätze gegen Gebühr.

Börgerende: Sandstrand mit steinigen Abschnitten, Gastronomie im nahen Ort.

Heiligendamm: Sandstrand (teils steinig) vor dem Panorama der Weißen Stadt (▸ Seite 84), nach Westen Steilküste.

Kühlungsborn: Wunderbar breiter und feinsandiger Sandstrand – und gut besucht. Naturbelassene und weniger frequentierte Abschnitte außerhalb von Kühlungsborn nach Westen (Richtung Riedensee) und Osten (Richtung Steilküste/Heiligendamm).

Rerik: Sandstrand vor schöner Steilküste, teils steinige Abschnitte.

Für alle Strände gilt

FKK: Hüllenlos Baden kann man an gekennzeichneten Abschnitten und außerhalb der Ortschaften.

Hundestrände: An gekennzeichneten Abschnitten.

Nichtraucherstrände: An einzelnen Strandabschnitten in Warnemünde und Markgrafenheide ist das Rauchen untersagt.

Badesicherheit: In den Ortsbereichen werden die Strände vom DLRG überwacht. Gelbe Fahne: Badeverbot für ungeübte Schwimmer und Kinder. Rote Flagge: Generelles Badeverbot.

Westlich von Kühlungsborn liegen schöne naturbelassene Strände

Die **Wasserqualität** wird überall mit gut bis sehr gut bewertet. Die blaue Flagge, das internationale Gütesymbol für saubere, sichere und attraktive Badestrände, weht in vielen Orten. In heißen Sommern kann es allerdings manchmal zu Algenbildung kommen.

Kinder

Die fast überall flach ins Meer abfallenden Strände sind ideal auch für kleine Kinder. Hier können die Kleinen im Sand buddeln, Burgen bauen oder Muscheln suchen. Vielerorts gibt es Spielplätze in Strandnähe. Schön ist der fantasievolle „maritime" Spielplatz in Kühlungsborn Ost nahe des Konzertgartens Ost. Gleich östlich der Kühlungsborner Seebrücke liegt ein neuer großer Spielplatz, der eine Riesenbäderbahn zum Klettern und Spielen bietet. In Rerik gibt es einen schönen Spielplatz am Kurpark. In Warnemünde befinden sich mehrere Spielplätze am Strand, die aber leider etwas eintönig sind. Dafür gibt es hier in den Sommermonaten Attraktionen wie Riesenwasser-

Fast überall fällt der Strand flach ins Meer ab

rutsche und Riesenklettergerüst.

In den größeren Seebädern warten am Strand viele Sport- und Spielangebote (gegen Gebühr). In Kühlungsborn kann man zu jeder Jahreszeit im Freizeitbad *Kübomare* (▸ Seite 102) schwimmen gehen. Ebenso in Warnemünde: Dort hat 2013 das *Seebad* (▸ Seite 54) eröffnet. Es bietet ein 28 °C warmes Meerwasserschwimmbad, einen Kinderpool mit Wasserkanonen und -rutschen sowie einen Kleinkindbereich. Allerdings sind beide Bäder nicht übermäßig groß und der Eintritt relativ teuer.

Ein besonderes Erlebnis für Kinder und Erwachsene ist die Fahrt mit der Schmalspurbahn *Molli* (▸ Seite 82).

Unterwegs im Kühlungsborner Land

Mit dem Auto

Ein gut ausgebautes Straßennetz führt zu allen Orten. Allerdings (und zum Glück für die Landschaft) gibt es keine Küstenstraße. So führt der Weg von Kühlungsborn nach Warnemünde zum Beispiel über das landeinwärts gelegene Bad Doberan.

Mit Bahn & Bus

Bahn, Schmalspurbahn *Molli* und ein recht passables Busnetz erschließen das Kühlungsborner Land auch gut für Nicht-Autofahrer. Zentraler Umsteigepunkt im Busnetz ist der Busbahnhof von Bad Doberan. Von dort fahren die Busse in alle Richtungen.

www.rvk-rostock.de |
Tel (03 81) 4 05 60-18

Ein *Muss* ist natürlich die Fahrt mit den **Molli-Dampflokzügen,** die ganzjährig zwischen Bad Doberan, Heiligendamm und Kühlungsborn verkehren (▸ Seite 82).

Zu Fuß & mit dem Rad

Das Land zwischen Warnow und Salzhaff kann man auch gut ohne Auto entdecken. Dazu ist das Fahrrad das beste und beliebteste Verkehrsmittel. Der gut ausgebaute Ostseeradweg führt die ganze Küste entlang, auf ihm gelangt man zu den schönsten Ecken am Meer. Aber auch im Binnenland sind die Radwege mittlerweile gut ausgebaut, sowohl zwischen den größeren Orten zu den Sehenswürdigkeiten als auch in der Kühlung. Letztere ist zudem auch ein besonders schönes Wandergebiet. Ausgewählte Wanderungen und Radtouren ▸ Seite 118.

Mit dem Schiff

Von Ostseebad zu Ostseebad verkehrt die **MS Baltica:**

Kühlungsborn (Seebrücke) – Warnemünde (Alter Strom) und zurück, Mo–Sa 1x täglich mit Landgang (im Winter seltener)

Warnemünde (Seebrücke) – Kühlungsborn (Seebrücke) und zurück, Mo–Sa 1x täglich mit Landgang (im Winter seltener)

Warnemünde (Alter Strom) – Graal-Müritz (Seebrücke) und zurück, sonntags, mit Landgang (verkehrt nicht im Winterhalbjahr)

Baltic Schiffahrt und Touristik |
Tel (0381) 5 10 67 90 | *www.ms-baltica.de*

Wo der Strandkorb erfunden wurde

An deutschen Stränden gehören sie einfach dazu: Die Heerscharen bunter Strandkörbe, morgens noch in Reih und Glied, später bunt durcheinander stehend. 10 000 Stück sollen es allein an der deutschen Ostseeküste sein.

Erfunden wurde das seltsame Draußenmöbel für den Strand in Warnemünde. 1882 bekam der Rostocker Korbmacher Wilhelm Bartelmann Besuch von einer feinen Dame. Elfriede von Maltzahn wünschte sich einen Strandstuhl, in dem man nicht nur bequem sitzen konnte, sondern der auch vor Wind schützen sollte. Die Dame litt an Rheuma, wollte aber nicht auf den Aufenthalt an der gesunden Meeresluft verzichten.

Korbmacher Bartelmann konnte helfen: Er ummantelte einen Strandsitz mit einem Korb aus Weiden und Rohr. So entstand – zunächst nur für eine Person – der erste Strandkorb. Bald bekam der Korbmacher weitere Aufträge. Seine Frau eröffnete 1883 in Warnemünde in der Nähe des Leuchtturms den ersten Strandkorbverleih. Bartelmann verfeinerte sein Modell. Dabei kam ihm eine geniale Idee: Der Korb musste Platz für zwei Personen bieten – so war er nicht nur stabiler, sondern auch paar- und familientauglich. Mit dem Zweisitzer begann der Siegeszug des

Strandkorbs an der ganzen deutschen Küste.

Korbmacher Bartelmann verdiente gut an der Produktion, wurde aber nicht reich mit dem Strandkorb – er hatte sich seine Idee nicht patentieren lassen. Andere Korbmacher kopierten seine Erfindung. Die Firma Bartelmann produzierte noch bis 1942 Strandkörbe in Rostock. In einer Bombennacht wurde die Werkstatt komplett zerstört, danach erlosch der Betrieb.

Der Urenkel des Korbmachers, Andreas Bartelmann, führt heute in der Hermannstraße in Kühlungsborn das traditionsreiche Geschäft *Haus Bartelmann* mit maritimen Artikeln. Auf der Internetseite des Ladens wird auch die Geschichte des Strandkorbs dokumentiert.

www.bartelmann.com

So mietet man einen Strandkorb: An den Strandzugängen haben die Verleiher ihre Stationen. Kosten ca. 8 Euro pro Tag, ca. 55 Euro pro Woche in der Hauptsaison. Eine Reservierung ist zu empfehlen, denn es ist beinahe unmöglich, an einem schönen Sommertag im Juli oder August spontan einen Strandkorb zu mieten – die sind dann oft schon für Tage und Wochen im Voraus ausgebucht.

Orte & Landschaften

Warnemünde

Warnemünde ist anders als andere Ostseebäder: Statt Seebadbetulichkeit, Jugendstilvillen und Seebrücke bietet der alte Fischerort an der Warnowmündung lebhaftes Hafenflair, lauschige Altstadtgassen und Hafenmolen, die hunderte Meter weit ins Meer hineinreichen. Und dazu den breitesten und einen der schönsten Sandstrände der ganzen deutschen Ostseeküste. Vom Strandkorb aus kann man die Ozeanriesen vorbeiziehen sehen.

Ein Dorf am Meer

In Warnemünde lebte man immer am und vom Meer: Von der Fischerei, vom Bootsbau, als Seefahrer – und seit ca. 170 Jahren auch von den Touristen, die wegen des Ostseestrandes hierher kommen.

Erstmals erwähnt wurde Warnemünde 1195 in dänischen Urkunden. Ursprünglich lebten Slawen am Ufer der Warnow. Seit dem Jahr 1100 kamen friesische Siedler an die Warnowmündung und gründeten das Dorf Warnemünde. Die friesischen Einwanderer brachten nicht nur ihre Sprache mit, sondern bauten auch

Am Alten Strom in Warnemünde

ihre Häuser im farbenfrohen, friesischen Stil.

Schon 1323 erwarb die Stadt Rostock das Dorf Warnemünde. Die Rostocker wollten sich den Zugang zum Meer sichern und mögliche Konkurrenz als Umschlaghafen erst gar nicht entstehen lassen. Den Warnemündern wurde verboten, Schiffe zu bauen, Handel zu treiben oder Handwerk auszuüben. Fischfang war den Warnemündern erlaubt, sie durften ihn aber nur in Rostock verkaufen. Bis ins 18. Jahrhundert war Warnemünde ein recht armes Fischerdorf, das vom Reichtum der Hansestadt wenig profitierte. Und das haben die Warnemünder den Rostockern bis heute nicht ganz verziehen.

Als Stadthalter Rostocks in Warnemünde wurde ein Vogt eingesetzt. Dieser residierte ab 1605 in der Vogtei. Das Gebäude an der Ecke Kirchestraße/Alter Strom ist heute das älteste erhaltene Haus Warnemündes. Die Ursprünge des Gebäudes gehen bis ins 13. Jahrhundert zurück. Davon zeugen bis heute die Deckengemälde im Erdgeschoss. Das Gebäude wird heute von der Tourist-Information genutzt.

Im 19. Jahrhundert kamen die ersten Sommerfrischler nach Warnemünde. Der große Aufschwung begann aber erst 1886, als die Bahnstrecke nach Rostock und Berlin eröffnet wurde. Im Jahr 1900 kamen schon 14 000 Badegäste. Da viele mit dem

Steckbrief: Warnemünde

Gründung: um das Jahr 1200
Verwaltung: Warnemünde ist seit dem Jahr 1323 ein Stadtteil von Rostock
Einwohner: 6500 (mit den Vororten Diedrichshagen, Hohe Düne und Markgrafenheide ca. 10 000)
PLZ: 18119
Telefon-Vorwahl: 0381
Fläche: 5,6 qkm
Geografische Lage: An der Mündung der Warnow in die Ostsee
Wirtschaft: Tourismus und Fischerei waren und sind wichtige Wirtschaftszweige. Bedeutendster Arbeitgeber war bis zur Wende die Warnowwerft (jetziger Name: *Nordic Yards*). Heute arbeiten noch ca. 930 Mitarbeiter auf der Werft, die mehrmals verkauft und umgebaut wurde sowie eine Insolvenz zu überstehen hatte.
Auch Anläufe von Kreuzfahrtschiffen sind für Warnemünde ein wichtiger Wirtschaftsfaktor. 2005 wurde ein neues Cruisecenter eröffnet, um die Passagiere der Kreuzfahrtriesen besser abfertigen zu können.
Es gibt noch 5 aktive Fischereibetriebe in Warnemünde. Samstags und sonntags findet auf der Mittelmole der Fischmarkt statt, der viele Besucher anlockt (► Seite 55).
Hochschule: Der Bereich Seefahrt der *Hochschule Wismar,* Fakultät für Ingenieurwissenschaften, ist in Warnemünde angesiedelt.
Arbeitslosenquote (2013): 10 % (Stadt Rostock gesamt: 11,5 %)

Zug aus der deutschen Hauptstadt anreisten, nannten die Warnemünder gleich alle Badegäste „Berliners".

Von 1901 bis 1903 wurde der Neue Warnowstrom ausgebaggert. Der Alte Strom wurde mit einem Damm am Zollhaus abgeriegelt. Eine Halbinsel war geboren. Auf ihr entstanden der Bahnhof und die Fährbecken für die Eisenbahnfähren zum dänischen Hafen Gedser.

Ab 1913 entstanden in Hohe Düne auf der östlichen Warnowseite (► Seite 56) ein Marineflugplatz und Flugzeugwerke. Zwischen 1933 und 1945 wurden in Hohe Düne sowie südlich von Warnemünde und in Rostock Kriegsflugzeuge konstruiert und gebaut. Dies führte schon 1942 zu verheerenden Bombenangriffen der britischen Luftwaffe auf Rostock und auf die Flugzeugwerke bei Warnemünde.

Schon 1946 wurde die Warnowwerft gebaut, ab 1960 war sie der größte Schiffbaubetrieb der DDR. Über 7000 Werktätige beschäftigte die Werft in ihrer besten Zeit.

Gleichzeitig entwickelte sich Warnemünde zum populärsten Seebad Ostdeutschlands. 1971 entstand an der Strandpromenade das 19-stöckige Hotel Neptun mit einem separaten Meeresbrandungsbad. Am Alten Strom gab es damals noch fast keine Geschäfte und Gaststätten, nur die Fischkutter versorgten dort die Besucher mit frischem Fisch.

Nach der politischen Wende 1990 entstanden viele neue Pensionen, Hotels und Ferienwohnungen. Viele Gebäude wurden saniert. Dabei wurde allerdings nicht immer Wert gelegt auf originalgetreue Restaurierung. So bietet Warnemünde heute nur Am Alten Strom und in Teilen der Alexandrinenstraße einen historisch durchgestalteten Eindruck.

Warnemünde entwickelte sich seit der Wende auch zum beliebtesten Kreuzfahrthafen Deutschlands. Am 2005 neu errichteten Cruisecenter machen pro Saison über 150 Kreuzliner fest. Auf der Warnowwerft, die jetzt Nordic Yards heißt, arbeiten nur noch 900 Arbeiter.

Sehenswertes

Wer mit dem Zug am Warnemünder Bahnhof ankommt, ist sofort mittendrin: Der Bahnhof liegt auf einer Halbinsel in der Warnowmündung, es riecht nach Meer, im Sommer strömen die Menschen Richtung Ortszentrum. Früher wurden hier auf der Mittelmole ganze Züge auf die Ostseefähren rangiert, die wenige Meter weiter am Kai warteten. Heute gibt es auf der Mittelmole etliche Restaurants, samstags und sonntags findet der ★ **Fischmarkt** (▸ Seite 55) statt. Zum Warnemünder Ortskern am Alten Strom ist es über die Drehbrücke nur ein Katzensprung. Gleich gegenüber an der Ecke liegt die **Vogtei,** das älteste Gebäude von Warnemünde.

Auf dem ★ **Alten Strom** fuhren früher die Schiffe nach Rostock. Seit

Die Alexandrinenstraße ist die „gute Stube" von Warnemünde

die großen und kleinen Pötte über den mehrmals ausgebaggerten Neuen Strom zum Rostocker Hafen schippern, ist der Alte Strom nur noch ein Altarm der Warnow – aber was für einer! An seinem Ufer zieht sich die Straße *Am Strom* entlang. In Richtung Ostsee ist sie die quirlige und in der Saison hoch frequentierte Flaniermeile mit Restaurants, Cafés und Läden aller Art. An der Uferseite wird Fisch frisch vom Kahn verkauft, hier legen die Barkassen für eine Hafenrundfahrt ab und die Fischkutter für den Angeltörn auf der Ostsee. Auch Fahrgastschiffe in die anderen nahen Seebäder fahren hier ab. Am nördlichen Ende der Flaniermeile beginnt die ★ **Westmole,** die 540 Meter weit aufs Meer führt. Nach Süden aber wird die Straße *Am Strom* zur verträumten Meile, gesäumt von kleinen historischen Fischerhäusern. Hier steht auch das Haus der Fischerfamilie, in dem der norwegische Maler Edvard Munch längere Zeit logierte (▸ Seite 47).

Auch die **Alexandrinenstraße,** die parallel zur Straße *Am Strom* verläuft, ist von alten, meist liebevoll sanierten Fischer- und Bauernhäusern geprägt. Im ihrem südlichen Abschnitt wirkt sie dank der hübsch renovierten Häuser fast wie eine Puppenstube. Dort kann man übrigens auch stilecht übernachten. Das Hotel Fischerhus ist in mehreren der alten, schön renovierten Katen untergebracht. Im Rahmen einer Stadtführung (▸ Seite 50) darf man einen Blick in einen hübsch renovierten Hinterhof werfen. Auch das sehr sehenswerte **Heimatmuseum** (▸ Seite 47) ist in einem der alten Fischerkaten der Alexandrinenstraße untergebracht.

Warnemünde hat viele Gesichter. Gleich hinter der im Sommer übervollen Promenade am Alten Strom liegen ruhige Gassen mit krummem Kopfsteinpflaster, an denen mehr oder weniger restaurierte alte Häuser stehen. Viele der Gebäude zwischen Alexandrinen- und Anastasiastraße wurden seit Beginn des Badetourismus mit Veranden und Balkonen ausgestattet – die Warnemünder Variante der Bäderarchitektur (▸ Seite 46).

Lebhafter geht es auf dem **Kirchenplatz** zu, auf dem die neugotische Pfarrkirche von 1871 steht. Leider dient der Platz überwiegend als PKW-Parkplatz. Vom Kirchenplatz zweigt Richtung Westen die **Mühlenstraße** ab. Die teils als Fußgängerzone gestaltete Straße ist die „kleine" Promeniermeile Warnemündes mit Restaurants und Läden: Wenn man in der Hauptsaison abends keinen Restaurantplatz mehr *Am Strom* findet, hat man hier immer noch gute Chancen. In der Mühlenstraße gibt es übrigens tatsächlich eine alte Mühle, in der man heute gut speisen kann.

Ein besonderer Ort in Warnemünde ist der **Georginenplatz,** am nördlichen Ende der Friedrich-Franz-Straße: Ein hübscher, ruhiger Platz, nur wenige Schritte abseits vom Gewusel am Alten Strom.

Nur wenige Meter davon entfernt liegt ein weiteres touristisches Zentrum rund um den alten **Leuchtturm** und den markanten **Teepott.** Das in den 1960-Jahren erbaute Gebäude mit dem kühn geschwungenen Hyperschalendach stammt von Ulrich Müther. Es wurde als Groß-Gas-

Warnemünde
Ostsee
Westmole
Ostmole
Yachthafen Hohe Düne
Hohe Düne
Marine-stützpunkt
Hohe Düne
Am Yachthafen
An der See
Möwenweg
Neptunweg
Neuer Strom
Auto-fähre
Cruise Center
Am Passagierkai
Werft Warnemünde
Werftallee
Yachthafen
MS Baltica
Fischmarkt
Am Bahnhof
Alter Strom
Am Strom
Alte Bahnhofstr.
Vogtei
Heimat-museum
Teepott
Leuchtturm
Alexandrinenstr.
Georginen-platz
Friedrich-Franz-Str.
Anastasiastr.
Hermannstr.
Poststr.
Fritz-Reuter-Str.
Heinrich-Heine-Str.
Rostocker Str.
Beethovenstr.
Kirchenstr.
An der Stadtautobahn
Seepromenade
See-str.
Kurpark
Wachtlerstr.
Mittelweg
Mühlenstr.
Dänische Str.
Am Markt
Laakstr.
Paschenstr.
Richard-Wagner-Str.
Kurhausstr.
Schillerstr.
Hotel Neptun
Seebad
Stephan-Jantzen-Park
Wiesenweg
Friedrich-Barnewitz-Str.
Gartenstr.
Strandweg
Arankapark
Grüner Weg
Weisenweg
Parkstr.
Diedrichshagener Moor
N

Warnemünder Baustil

In den Gassen der Altstadt von Warnemünde fallen die bei vielen Häusern vorgebauten **Glasveranden** auf. Sie sind eine Art Vorstufe der Bäderarchitektur, realisiert mit den bescheidenen Mitteln der Warnemünder. Viele der Anbauten aus dem 19. Jahrhundert sind bis heute erhalten, manche wurden umgebaut. Was es damit auf sich hat, erklärte schon der Schriftsteller Theodor Fontane 1871: „Warnemünde, seinem Renommee nach eine Art Aschenputtel unter den Badeplätzen, ist gar nicht so übel. Es gibt einen Warnemünder Baustil. Er besteht darin, dass man an die Fronten der Häuser einen Glaskasten anklebt, der, unter den verschiedensten Namen auftauchend, als Balkon, Veranda, Pavillon, doch immer der alte Glaskasten bleibt, wovon das Sein oder Nichtsein aller Gäste und nicht zuletzt auch ganz Warnemündes abhängt. Mit dem Glaskasten steht es oder fällt es. Diese gläsernen An- und Vorbauten geben dem Ort seinen Charakter und dem Badegast sein Behagen. Sie sind wirklich ein Schatz." Den Badegästen, die sich vorher mit einer engen Stube begnügen mussten, konnte nun mit den Glasveranden mehr Komfort geboten werden. Bis heute prägen die Glaskästen das Bild der Warnemünder Altstadt.

tronomie-Gebäude errichtet, heute sind hier Restaurants und Läden untergebracht. Leuchtturm und Teepott sind auch die beiden Wahrzeichen Warnemündes. Am Platz davor beginnt die lange **Strandpromenade,** die im Sommer ebenso frequentiert ist wie die Flaniermeile am Alten Strom. Davor erstreckt sich der weiße Sandstrand, der am Anfang eine unglaubliche Breite von 150 Metern aufweist.

Hinter der Strandpromenade reihen sich Hotels und Strandvillen aneinander. Unübersehbar ragt dabei das 19-stöckige **Hotel Neptun** heraus, das 1971 als eines der besten Hotels in der DDR eröffnet wurde. Gleich neben dem Hotel Neptun steht seit 2013 das *Seebad*, eine Wellnessanlage mit Meerwasserschwimmbad und Saunabereich. Wo vorher das baufällige Schwimmbad Samoa stand, wird Besuchern nun Relaxen und Pflege einerseits und Badespaß für jedermann andererseits geboten. Das Seebad ist direkt angebunden an das ebenfalls 2013 eröffnete *a-ja Resort* Warnemünde, steht aber auch Tagesgästen offen.

Rund um das Hotel Neptun liegt die elegante Seite von Warnemünde – das **Kurviertel.** Man erreicht es in 10 Minuten zu Fuß vom Leuchtturm aus. Hier gibt es auch Villen im Bäderstil, ein Kurhaus und einen Kurpark.

Außer dem **Hotel Neptun** ragt noch ein zweites Bauwerk aus der Silhouette Warnemündes hervor: Die Krananlagen der **Werft** südlich des alten Ortskerns. Die zu DDR-Zeiten errichtete Werft hat heute nur noch 1/7 ihrer früheren Belegschaft. Womit noch ein weiteres Gesicht Warnemündes zum Vorschein kommt: Das der Arbeitervorstadt. Davon zeugen auch die im 20. Jahrhundert erbauten Arbeiterwohnviertel zwischen Ortskern und Werft.

Zum **Neuen Strom,** auf dem heute die Ozeanriesen auf Ihrem Weg zum Meer entlanggleiten, gelangt man durch einen Fußgängertunnel am Bahnhof. Am neuen Strom legen auch die Autofähren zum Ortsteil **Hohe Düne** ab (▸ Seite 56). Etwas südlich des Fähranlegers liegt das **Warnemünde Cruise Center,** an dem alle paar Tage hochhaushohe Kreuzfahrtschiffe Station machen.

Edvard Munch-Haus

In diesem typischen Warnemünder Fischerhaus hatte der norwegische Maler Edvard Munch zwischen Mai 1907 und Okt. 1908 Quartier bezogen. Heute ist hier eine Galerie ansässig. Das Haus ist zu Ausstellungen und Veranstaltungen geöffnet.

Am Strom 53 | Tel (03 81) 5 48 66 08 | www.edvard-munch-haus.de

Heimatmuseum

In dem 1767 erbauten Fischerhaus wird die Geschichte der Fischerei und Seefahrt, das Lotsenwesen und die Seenotrettung sowie die Entwicklung von Warnemünde zum Badeort eindrücklich erzählt. Besonders anschaulich: Durch die komplette Einrichtung von Vörstuw (Stube), Koek (Küche), Achterstuw (Schlafraum) und der seitlichen Däl (Diele) im Haus erhält man einen unmittelbaren Eindruck davon, wie die Warnemünder Ende des 19. Jahrhunderts in diesen Häusern lebten.

Alexandrinenstraße 30/31 | Tel (03 81) 5 26 67 | Apr.–Sep. Di–So 10–17 Uhr, Okt.–März Mi–So 10–17 Uhr | www.heimatmuseum-warnemuende.de

Leuchtturm

Der 30 Meter hohe Leuchtturm wurde 1898 errichtet und ist noch heute in Betrieb. Zwei Aussichtsplattformen bieten einen herrlichen Blick auf Warnemünde und die Ostsee. Am 1. Januar findet jährlich das Spektakel „Leuchtturm in Flammen" statt, das Tausende von Besuchern anzieht (▸ Seite 24).

Mai–Sep. tgl. 10–19 Uhr | Eintritt 2 €, Kinder 1 € | Seepromenade

Pfarrkirche

Der neugotische Backsteinbau stammt aus dem Jahr 1874, die Inneneinrichtung aus älterer Zeit. Besonders sehenswert sind der gotische Schnitzaltar von 1475, die Renaissance-Kanzel von 1591 und die geschnitzte Figur des heiligen Christopherus aus dem 15. Jahrhundert.

Kirchenplatz 2 | Mo–Fr 11–15 Uhr, Sa/So/Fei 10–16 Uhr

Robbenforschungsstation

▸ Seite 57 (Hohe Düne)

Strand

Der **Warnemünder Strand** ist mit über 100 Metern Breite und feinem Sand einer der besten Strände der gesamten mecklenburgischen Küste. Keine Steine im Wasser, sondern nur Sand. Rettungswachen gibt es alle paar 100 Meter (für verlorene Kinder wichtig), zudem einen Strandzu-

Vörreeg und Achterreeg

Bis ins 19. Jahrhundert bestand das Fischerdorf Warnemünde nur aus zwei parallel zueinander laufenden Häuserreihen entlang des alten Stroms. Die vordere Hausreihe nannte man plattdeutsch *Vörreeg* (Vorderreihe, heute Am Strom), die hintere *Achterreeg* (Hinterreihe, heute Alexandrinenstraße). Die Häuser sind Fachwerkbauten, die mit Familienzeichen geschmückten Giebel stehen nach vorn. Alle zehn Häuser gab es einen Durchgang (Tüsche genannt, heute Quergang I bis V). Jedes Haus musste einen Abstand von mindestens 80 cm zum Nachbarhaus aufweisen – mindestens so breit, dass eine trächtige Kuh oder ein Fischkarren durchpasste. Der Abstand diente auch als Brandschutz, denn die damals mit Stroh gedeckten Häuser waren extrem brandgefährdet. Ungewöhnlich sind die Maße der Häuser: Von vorn wirken sie sehr klein, nach hinten jedoch sind sie bis zu 18 mal länger als die Straßenfront. Vorn wohnten in der Regel die Familien mit ihren Kindern, im hinteren Teil befand sich das Refugium der Großeltern. Auch Vieh wurde in den hinteren Gebäudeteilen gehalten.

Die Wahrzeichen Warnemündes: der Teepott und der Leuchtturm

gang für mobilitätseingeschränkte Menschen (bis ans Wasser ran), eine Kletterspinne und kleine Spielplätze für Kinder (leider etwas einfallslos), Trampoline für Kinder (gegen Gebühr), FKK-Badestellen (westlich am Strand), Tretbootverleihe.

Der **Strand bei Wilhelmshöhe** liegt 4 km westlich und ist ein beliebter FKK-Strand. Sand- und Steinstrand (30 Meter breit). Uferbereich: Steiniger Untergrund. Versorgung durch das gleichnamige Ausflugslokal. Parkmöglichkeiten auf einem gebührenpflichtigen Stellplatz.

Tipp: An heißen Sommertagen ist der Strand von Warnemünde oft sehr voll. Weniger besucht sind die Strände auf der östlichen Warnowseite bei Hohe Düne (► Seite 56) und Markgrafenheide (► Seite 58). Diese bieten ebenfalls weißen Sand und einen flach abfallenden Badestrand.

VERBINDUNGEN

Bahn: Die Rostocker S-Bahn verkehrt ca. alle 15 Minuten zwischen Warnemünde und Rostock Hbf.

Bus: Busverbindungen im 1–2-Stundentakt nach Bad Doberan. Außerdem Stadtbusse in die Rostocker Vororte, die auch den Ortsverkehr in Warnemünde bedienen.

Fähre: Die Auto- und Personenfähre Warnemünde–Hohe Düne verkehrt ca. alle 15–30 Minuten.

Auto: Ab Rostock-West B103. Oder über Rostock-Ost und die A19 durch den (kostenpflichtigen) Warnowtunnel.

Parken: Parken in Warnemünde ist reglementiert und teuer. Eine Tageskarte im Parkhaus kostet bis zu 12 €. Bei vielen wassernahen Parkplätzen ist die Parkdauer auf 2 Stunden begrenzt. Vor allem in der Hauptsaison sind Parkplätze sehr rar. Unsere

Empfehlung: Tagestouristen sollten die großen Parkplätze am Ortseingang nutzen.
Taxi: Taxi-Harry
Tel (01 72) 3 83 93 83

INFORMATION

Tourist-Information
Am Strom 59/Ecke Kirchenstraße | 18119 Rostock-Warnemünde | Tel (03 81) 5 48 00-0 | www.rostock.de/warnemünde | Mai bis Okt. Mo–Fr 9–18, Sa/So 10–15 Uhr, Nov. bis Apr. Mo–Fr 10–17, Sa 10–15 Uhr

Stadtführung
Treffpunkt an der Touristinformation, Dauer 1,5–2 Stunden.
April–Okt. Di 18 Uhr, Do und Sa 11 Uhr
Jan–März und Nov.-Dez. Sa 11 Uhr

ÜBERNACHTEN

Hotel Neptun
5 Sterne, 19 Etagen, 338 Zimmer mit Balkon und Meerblick. Dazu Schwimmbad, Fitnessbereich, Thalasso-Center. Das Spitzenhotel lässt kaum einen Wunsch offen. Diverse Restaurants.
Seestraße 19 | Tel (03 81) 77 70 | www.hotel-neptun.de | €€€

a-ja Resort Warnemünde
Wellnesshotel der a-ja-Kette an der Strandpromenade neben dem Neptun-Hotel. Besonderheit: relativ niedriger Grundpreis für Übernachtungen, dazu kommen die Leistungen, die man wirklich nutzt. 232 moderne Zimmer mit Meerblick in einem mäßig schönen Betonklotz.
Zur Promenade 2 | Tel (0 40) 69 63 52 58-0 www.ajaresorts.de | €€

Strand-Hotel Hübner
Feine Adresse mit Tradition an der Strandpromenade, Wellness-Bereich unter einer Glaskuppel auf dem Dach, 95 Zimmer, teilweise mit Meerblick und Balkon.
Seestraße 12 | Tel (03 81) 5 43 40 | www.hotel-huebner.de | €€€

Hotel & Appartementhaus Fischerhus
Im schönsten Teil der Alexandrinenstraße, in einem alten Fischerhaus und Nebengebäuden.
Alexandrinenstraße 124 | Tel (03 81) 54 83 10 | www.vogel-hotel.de | €€

Best Western Hanse Hotel
4-Sterne-Hotel an den Ostseedünen hinter dem Sandstrand. Zum Zentrum Warnemündes läuft man 15 Minuten. 72 Zwei-Zimmer-Appartements mit kleinem Balkon. Viele Angebote für Familien wie Kinderbetreuung und -animation. Sauna, Beauty- und Wellnessstudio.
Parkstraße 51 | Tel (03 81) 54 50 | www.hanse-hotel.de | €€

via Tipp **Hotel Ringelnatz**
Kleines, stilvolles Hotel in renoviertem Altstadthaus. Künstlerisch gestaltete Zimmer mit Holzfußböden. Im Café finden auch Lesungen und kleine Konzerte statt.
Alexandrinenstraße 60 | Tel (03 81) 20 74 64 07 | www.ringelnatz-warnemuende.de | €€

Pension Twee Linden
Drei Appartements mit Holzböden am alten Strom, freundliche Einrichtung mit viel Holz. Außerdem zwei Dachgeschoßzimmer mit Gemein-

Touristenattraktion und Seezeichen: Die Hafeneinfahrt von Warnemünde

schaftsbad und großer Dachterrasse.
Auskunft im Restaurant Twee Linden | Am Strom 85 | Tel (0381) 1 27 36 23 | www.pension-twee-linden.de | €-€€

Ferienwohnungen

Großes Angebot an Ferienwohnungen und Appartements. Gute Erfahrungen haben wir mit dem Anbieter *Interdomizil* gemacht, der vor Ort auch ein Büro betreibt.
Friedrich-Franz-Straße 1 | Tel (03 81) 5 48 63-84 | www.ferienwohnung-warnemuende.de

Ein weiterer Anbieter mit eigenem Büro sind *die Warnemünder.*
Am Leuchtturm 9 | Tel (03 81) 4 92 57 30 | www.die-warnemuender.de

Zahlreiche Ferienwohnungen unterschiedlicher Preisklassen findet man auch im Internet unter:
www.warnemuende-travel.de

Jugendherberge

Jugendherberge Warnemünde
Größte Jugendherberge in Mecklenburg-Vorpommern, in einer ehemaligen Wetterstation, nur wenige Schritte bis zum Strand.
Parkstraße 47 | Tel (03 81) 54 81 70 | www.warnemuende.jugendherbergen-mv.de/

ESSEN & TRINKEN

Twee Linden
Beliebtes Fischlokal mit moderaten Preisen in einem alten Fischerhaus am Alten Strom. Mit Sommerterrasse und kleinem Innenhof, in der Saison oft sehr voll.
Tgl. ab 10 Uhr | Am Strom 85 | Tel (03 81) 5 10 62 23 | www.tweelinden.de

Gosch
Ableger des Sylter Kultrestaurants. Auf zwei Etagen wird eine Gosch-typische Auswahl maritimer Speisen, wie Muscheln, Hummer, Scampi und Fisch in vielen Variationen serviert.
Tgl. ab 11 Uhr | Am Strom 107/108 | Tel (03 81) 5 26 55 | www.gosch.de

Grillstube Broiler
Die legendäre Broiler-Bar im Hotel Neptun ist seit 40 Jahren Kult. Gegrillte Hähnchen mit Pommes, Salaten und Saucen. Von der langen Grill-Bar hat man einen tollen Blick auf die Strandpromenade. Oft voll, aber warten lohnt sich.
Tgl. 11.30–22 Uhr | Im Hotel Neptun

Café Panorama
Panorama-Café in der 19. Etage des Hotel Neptun. Kaffee trinken und Kuchen essen mit schönem Ausblick auf Warnemünde und die Ostsee.
Mo–Fr 14–18 Uhr, Sa/So/Fei 13–18 Uhr | Im Hotel Neptun

Pier7
Kaffee trinken, Kuchen essen, Schiffe gucken – auf der Terrasse von Pier7 auf der Mittelmole können sich Eltern das Gewusel auf dem Neuen Strom anschauen, während die Kleinen auf dem Spielplatz toben.
Mai–Okt. tgl. von 9–19 Uhr | Am Passagierkai 1 | Tel (03 82 02) 40 50

Schusters Strandbar
Café- und Cocktailbar mit Palmen und Blick auf die Ostsee, gleich neben dem Teepott.
Tgl. ab 10 Uhr | Seepromenade 2 | Tel (03 81) 5 10 97 23 | www.schusters-strandbar.de

Seekiste zur Krim
via Tipp

Historische Seefahrerkneipe, in der heute moderne regionale Küche serviert wird. Inhaber und Koch ist Alexander Kadner, der das von seinen Vorfahren gegründete Lokal mit frischen Ideen zu neuen Ehren gebracht hat. Auf der Speisekarte stehen unter anderem fangfrischer Ostseefisch und Mecklenburgische Küche, auch Kindermenüs. Am ruhigen Ende des Alten Stroms.

Am Strom 47 | Tel (03 81) 5 21 14 | www.seekiste-warnemuende.de

NACHTLEBEN & UNTERHALTUNG

Sky-Bar

Klassische Tanzbar in der 19. Etage des Hotel Neptun. Highlight: An lauen Sommerabenden wird das Hoteldach geöffnet, und man tanzt unterm Sternenhimmel.

Fr/Sa ab 21 Uhr | Im Hotel Neptun

Kleine Komödie Warnemünde

Haus mit modernem und populärem Repertoire, gehört zum Verbund des Rostocker Volkstheaters.

Rostocker Straße 8 | Tel (03 81) 5 19 14 00 (Abendkasse) | www.volkstheater-rostock.de

AKTIVITÄTEN

Ostsee-Welten 5D

Filme in 3 und 4-dimensionaler Technik sowie eine 5D-Show (mit bewegten Sitzplätzen und anderen Spezialeffekten).

Tgl. ab 10 Uhr | Am Leuchtturm 15 | Tel (03 81) 5 10 50 44 | www.ostsee-welten.de

Golfplatz Warnemünde

Im Ortsteil Diedrichshagen.

Am Golfplatz 1 | Tel (03 81) 7 78 68 30 | www.golf-warnemuende.de

Am Alten Strom gibt es Fisch frisch vom Kahn

Am Alten Strom legen Rundfahrtschiffe an

Reit- und Ferienhof Blohm
Im Ortsteil Diedrichshagen.
Stolteraer Weg 15 | Tel (03 81) 5 12 65 | www.reiterhofblohm.de

Seebad
Meerwasserschwimmbad mit Außenpool, der fast bis an die Promenade reicht. Kinderpoolbereich mit Wasserkanonen und -rutschen, Kleinkindbereich. Gehört zum benachbarten a-ja-Resort, steht aber Tagesgästen offen.
Badewelt tgl. 7–22 Uhr | Zur Promenade 2 | Tel (03 81) 2 02 71 27 28 | www.seebad.de

Schiffsausflüge

Kühlungsborn und Graal Müritz
Ende März bis Anfang Nov. fährt die *MS Baltica* vom Alten Strom jeden Mo, Di, Mi, Fr und Sa um 14.30 Uhr über die Ostsee nach Kühlungsborn, von Anfang Apr. bis Ende Okt. jeden So um 14.30 Uhr nach Graal-Müritz. 2 Std. Landgang, dann Rückfahrt.
Tel (03 81) 5 10 67 90 | www.ms-baltica.de

Rostock
Die wohl schönste Art nach Rostock zu gelangen ist die Fahrt mit dem Linienschiff ab Warnemünde Neuer Strom zum Rostocker Stadthafen.
Mitte März–Ende Apr. sowie im Nov. tgl. 11 und 15 Uhr, Mai–Ende Okt. tgl. ab 10.30 im 30-45-Min.-Takt bis 16 Uhr | Rostocker Personenschifffahrt Olaf Schütt | Tel (03 81) 69 99 62 | www.rostocker-flotte.de

Zum Schnatermann und nach Markgrafenheide
Eine gemütliche Bootstour führt von Warnemünde (Alter Strom) quer über den Breitling zum idyllisch gelegenen Ausflugslokal *Schnatermann* (▶ Seite 59). Weiter geht die Fahrt durch den schilfumsäumten Radelkanal bis nach Markgrafenheide (▶ Sei-

te 58). Fahrzeit bis Markgrafenheide ca. 2 Std. Auch Teilstrecken möglich, letzte Rückfahrt vom Schnatermann nach Warnemünde um 16.30 Uhr.
Apr.-Okt. tgl. außer Mo+Fr (Juli-Aug. auch Mo+Fr) | Warnow Personenschifffahrt | Tel (03 81) 7 68 65 52 | www.fahrgastschiff-fahrt-rostock-warnemuende.de

Hafenrundfahrten

Bei einer Rundfahrt durch den Rostocker Seehafen kommt man den Ozeanriesen ganz nah. Verschiedene Anbieter, Start am Alten Strom.

EINKAUFEN

★ Fischmarkt
Fangfrischer Fisch direkt vom Kutter auf die Theke.
Auf der Mittelmole | Sa und So 8–20 Uhr

Wochenmarkt
Auf dem Kirchenplatz |Sa 8–13 Uhr

Edeka neukauf
Der einzige Supermarkt im alten Ortskern von Warnemünde.
Von März bis Sep. auch So von 13–18 Uhr geöffnet | Kirchplatz 3

Buchhandlung Krakow Nachf.
Gut sortierte Buchhandlung im alten Ortskern.
Kirchenplatz 11 | Tel (03 81) 5 19 19 31 | www.wossidlo-buchhandlung.de

Buchhandlung Möwe
Klein und originell, viel zu Meer und Seefahrt.
Seestraße 5 | Tel (0381) 8 57 85 63

GALERIEN/KUNST

Galerie Möller
Zeitgenössische Kunst und Design.
Am Strom 68 | Mo–Sa 10–18 Uhr, So 10–16 Uhr | Tel (03 81) 5 24 36 | www.galerie-moeller.de

An der Westmole ziehen die Ozeanriesen vorbei

Hohe Düne

Mit der Fähre gelangt man von Warnemünde zum Ortsteil Hohe Düne auf der östlichen Seite der Warnow. Hohe Düne liegt reizvoll auf einer Landzunge zwischen der Ostsee und dem **Breitling,** der großen, boddenartigen Erweiterung der Warnow. Die Fährfahrt an sich ist schon ein Erlebnis, hat man doch einen weiten Blick über den Strom, aufs Meer und Richtung Rostocker Hafen.

Zu Beginn der Zwanziger Jahre entstand in Hohe Düne ein Flugplatz, später wurden hier sogar Flugzeuge gebaut, eine Wohnsiedlung für Arbeiter entstand.

In der DDR-Zeit war die Marine in Hohe Düne stationiert, nach der Wende übernahm die Bundesmarine den Standort. Davon merkt man heute kaum etwas, die Kaserne liegt unauffällig hinter einem hohen Zaun zwischen der Straße nach Markgrafenheide und dem Breitling-Bodden.

Spektakulär hingegen sind der **Yachthafen** von Hohe Düne und das etwas klotzig geratene Luxus-Resort *Yachthafenresidenz Hohe Düne.* Doch auch für Menschen ohne Segelboot und mit Normaleinkommen ist Hohe Düne interessant, denn hier beginnt ein weißer Sandstrand, der sich kilometerlang über Markgrafenheide (▸ Seite 58) und Graal-Müritz bis zum Fischland zieht.

Ein *Muss* für jeden Warnemünde-Besucher ist der Spaziergang zur **Ostmole** in Hohe Düne: Gleich hinter dem Fähranleger zweigt links ein Fußweg ab, der an der Warnow entlang und vorbei an *Yachthafen-Residenz* und Yachthafen zur Ostmole führt. An der Mole befindet sich

Am Yachthafen in Hohe Düne

auf einem alten Schiff die **Robbenstation,** Wer noch weitergeht, kann auf der Ostmole weit hinaus aufs Meer spazieren.

Strand

Der kilometerlange Sandstrand beginnt gleich hinter dem Yachthafen. Er ist breit und feinsandig und zieht sich scheinbar endlos bis zum Fischland, das man in der Ferne sieht. Außerhalb der Ortslage ist FKK möglich.

VERBINDUNGEN

Von Warnemünde: Um zu Fuß oder mit dem Rad nach Hohe Düne und zur Ostmole zu gelangen, geht man durch den Tunnel am Bahnhof, der zum Kai am Neuen Strom führt. 100 Meter rechts vom Tunneleingang legt am Neuen Strom alle 15-30 Minuten die Auto- und Personenfähre ab. Autofahrer fahren über die neue Bahnbrücke nahe der Warnemünder Werft von Süden her bis zur Fähre.
Bus: Ab Fähre Hohe Düne verkehren ca. alle 30-60 Minuten Busse Richtung Markgrafenheide und Rostock, Dierkower Kreuz.

ÜBERNACHTEN

Yachthafenresidenz Hohe Düne
Riesiges Luxus-Resort mit 368 Zimmern, Appartementkomplexen, mehreren Restaurants, Bars, Boutiquen. Großzügiger Wellness- und SPA-Bereich, Kinderbetreuung, eigener Fährverkehr nach Warnemünde zum Alten Strom.
Am Yachthafen 1 | 18119 Rostock-Warnemünde | Tel (03 81) 50 40-0 | www.hohe-duene.de | €€€

ESSEN & TRINKEN

Der Butt
Gourmet-Restaurant, in dem Sternekoch Tilmann Hahn die Gäste verwöhnt: Mediterrane Menüs, französische Küche und Zutaten aus der Küche Asiens.
In der Yachthafenresidenz | Di–Sa ab 19 Uhr

AKTIVITÄTEN

Hohe Düne SPA
4200 qm große Wellness-Oase mit Schwimmbad (22 x 10 m), Saunalandschaft, Außenbereich, Sonnenterrasse, Fitnessbereich, verschiedene Anwendungen.
In der Yachthafenresidenz | tgl. 7–22 Uhr (Schwimmbad und Fitnessbereich, Sauna ab 10 Uhr) | 38 €

via Tipp **Robbenstation**
Auf einem ehemaligen Fahrgastschiff samt Außenbecken tummeln sich gut 10 Seehunde in echtem Seewasser und auf den Planken. Vom Sonnendeck aus können Besucher Fütterungen und verschiedene Experimente beobachten. Betrieben wird die Anlage von Mitarbeitern des Rostocker Marine Science Center. Sie erforschen hier die Sinneswahrnehmungen der Meeressäuger. Besucher können hier Forschung live erleben. Besonders Kinder sind begeistert von den wissenschaftlich fundierten Kunststücken, die die Forscher mit den Seehunden veranstalten.
An der Ostmole | Tel (03 81) 50 40 81 81 | Apr.–Okt. tgl. 10–16 Uhr | Erwachsene 6 € (So 4 €), bis 16 Jahre 4 € (So 3 €), Kinder bis 3 Jahre frei | www.msc-mv.de

Markgrafenheide

Idyllisch zwischen Ostseestrand und dem Waldgebiet der Rostocker Heide liegt das kleine Seebad Markgrafenheide. Von Warnemünde-Hohe Düne beträgt die Entfernung 4 Kilometer, die man auch gut als Strandspaziergang oder per Rad zurücklegen kann.

In Markgrafenheide verstecken sich niedrige Backsteingebäude unter hohen Bäumen, nur Richtung Ostsee wird es licht: Hinter den Dünen leuchtet ein feiner weißer Sandstrand. Besonders schön ist der Abschnitt am Kiosk *Strandoase*. Hier, wie auch auf dem Fußweg, der zwischen Dünen und Wald verläuft, hat man nicht nur einen tollen Blick auf Warnemünde, sondern kann auch den perfekten Sonnenuntergang über dem Meer erleben.

In Markgrafenheide ist vieles naturnah geblieben. Und so badet außerhalb der Ortslage auch jede und jeder, wie er will – mit oder ohne Badebekleidung. Gleich nördlich von Markgrafenheide liegt das Naturschutzgebiet *Heiligensee und Hütelmoor*, in dem seltene Vögel ihre Brut- und Rastplätze haben.

Bis Anfang des 20. Jahrhunderts bestand Markgrafenheide nur aus einigen Fischerkaten, einem Forstfuhrmannshof und einem Forsthaus. Letzteres war schon damals ein beliebtes Ausflugsziel. Als am nahen Breitling Flugzeugwerke gebaut wurden (▸ Seite 56), entstanden in Markgrafenheide auch Wohnungen für Arbeiter. Heute ist das Seebad ein Stadtteil von Rostock, das sich viel ländliche Beschaulichkeit erhalten hat.

Strand

Kilometerlanger, steinfreier Sandstrand, bis zu 40 Meter breit. In Ortslage Strandkorbverleih. Außerhalb der Ortslage ist überall FKK möglich.

VERBINDUNGEN

Auto: Von Rostock auf der B105 bis Rövershagen, dann Landstraße über Hinrichshagen. Oder mit der Autofähre ab Warnemünde nach Hohe Düne.
Bus: ca. alle 30-60 Min. zum Fähranleger Hohe Düne (Warnemünde), nach Rostock stündlich mit der Buslinie 18 bis Dierkower Kreuz, dort weiter mit der Tram Richtung Zentrum und Hbf.

ÜBERNACHTEN

Dünenhotel
1997 erbautes, ruhig und strandnah hinterm Dünenwald gelegenes Haus mit 23 Zimmern verschiedener Kategorien, Restaurant mit mecklenburgischer Küche.
Dünenweg 28 | Markgrafenheide | Tel (03 81) 20 66-0 | www.duenenhotel.de | €€

Forstfuhrmannhof
Doppelzimmer und Ferienappartements in einem denkmalgeschützten, reetgedeckten Hofgebäude. Sauna, Grillplatz, Spielplatz.
Budentannenweg 1 | Markgrafenheide | Tel (03 81) 60 94 80 | www.forstfuhrmannshof.de | €-€€

Baltic-Freizeit Camping- und Ferienpark
Weitläufiges Areal mit 80 Ferienhäusern und parzellierten Stellplätzen für Camper mit Wasser- und Strom-

anschluss. Tennisplätze, Tischtennis- und Minigolfanlagen, Squash-Halle, Fahrradverleih sowie Sauna und Solarium. Drei Kinderspielplätze.
Budentannenweg 2 | Markgrafenheide | Tel (03 81) 66 10 | www.baltic-freizeit.de

ESSEN & TRINKEN

Wenig Auswahl, in Strandnähe liegt das Restaurant im *Dünenhotel* (▶ Seite 58), gegenüber ist auch ein Laden mit (Fisch-)Imbiss. Am Strand: *Strandoase* mit Getränken und Snacks.

Utspann
Feine Küche im ehemaligen Wartehäuschen der Strandbahn.
Tgl. ab 11 Uhr | Warnemünder Str. 10a | Tel (03 81) 4 40 23 91 | www.restaurant-utspann.de

Gasthaus Schnatermann
Traditionsgasthof am Breitling, mecklenburgische Küche mit mediterranen Abstechern in der rustikalen Gaststube und im großen Biergarten. Spielplatz, Streichelzoo, Bootsverleih. Sechs Hotelzimmer im Landhausstil. 3 km von Markgrafenheide entfernt, Anfahrt über Rostock-Stuthof. Oder per Fahrgastschiff.
Apr.–Okt. tgl. ab 11 Uhr | Schnatermann 1| 18146 Rostock-Stuthof | Tel (03 81) 66 99 33 | www.der-schnatermann.de | €€

AKTIVITÄTEN

Kletterwald Hohe Düne
Klettern und Hangeln auf fünf Parcours. 94 unterschiedlich anspruchsvolle Kletterelemente für Kinder (ab 5 Jahren) und Erwachsene. Nähe Strand in Markgrafenheide.
Juni–Aug. 9.30–19.30, Apr.–Mai und Sep.–Okt. 10–19 Uhr | Warnemünder Str. 20 | Markgrafenheide | Tel (0162) 4 10 93 49 |

Dünenweg in Markgrafenheide

Die Strandoase in Markgrafenheide ist ein magischer Ort

Preise für 150 Minuten: 17 € Erwachsene, 11 € Kinder bis 12 Jahre, außerdem Familien- und Gruppenspecials | www.kletterwald.de

Bootsverleih Markgrafenheide
Warnemünder Str. 1 | Markgrafenheide | Tel (03 81) 7 68 65 52

via Tipp **Bootstour zum Schnatermann**
Eine reizvolle Bootstour führt von Warnemünde zum beliebten Gasthaus *Schnatermann* am Breitling und von dort durch den Moorgraben weiter nach Markgrafenheide. Beim Gasthaus Schnatermann hat man einen weiten Blick über den Breitling – bis zum Rostocker Seehafen und zur Warnemünder Werft kann man sehen.

Auf dem Moorgraben wurde bis ins 19. Jahrhundert Holz und Torf aus der Rostocker Heide nach Rostock geflößt. Der Schnatermann selbst war ursprünglich eine Art Zollgrenzstation, an der Holztransporte aus der Rostocker Heide kontrolliert wurden. Im 18. Jahrhundert wurde aus dem Zollhäuschen eine Revierförsterei. Seit 1887 ist der Schnatermann ein beliebtes Ausflugslokal.
Schiffsverkehr:
Apr.–Okt. tgl. außer Mo+Fr (Juli–Aug. auch Mo+Fr) | Fahrräder können begrenzt transportiert werden |
Abfahrtszeiten ab Warnemünde (Alter Strom): 11.30, 14.30, 17 Uhr |
Abfahrtszeiten ab Markgrafenheide (Moorgraben): 10, 13, 16 Uhr |
Abfahrtszeiten vom Schnatermann nach Warnemünde: 10.30, 13.30, 16.30 Uhr |
Tel (03 81) 7 68 65 52 | www.fahrgastschifffahrt-rostock-warnemuende.de

Ausflug nach Rostock

Zwar ist Warnemünde der unbestritten schönste Stadtteil von Rostock, doch auch die Hansestadt selbst hat einiges zu bieten: Eine lebendige Innenstadt mit interessanten Baudenkmalen rund um die **Kröpeliner Straße,** darunter den **Klosterhof** sowie die **Marienkirche** aus dem 13. Jahrhundert, ein herausragendes Beispiel norddeutscher Backsteingotik.

Auch der alte **Stadthafen** an der Warnow und die teilweise erhaltene östliche Altstadt mit kleinen Gassen rund um den **Alten Markt** und die **Nikolaikirche** lohnen den Besuch. Im beliebten Viertel **Kröpeliner-Tor-Vorstadt** westlich der Innenstadt findet man kleine Läden, nette Restaurants, Cafés und Clubs.

Tipp: Die schönste Anfahrt führt mit dem Fahrgastschiff über die Warnow zum Rostocker Stadthafen. In Warnemünde legen die Schiffe am neuen Strom ab (nahe des Anlegers der Fähre nach Hohe Düne).

Wer mit der alle 15 Minuten verkehrenden S-Bahn nach Rostock fährt, steigt an der Station Parkstraße in die Straßenbahn um und fährt bis Kröpeliner Tor. Oder man fährt bis Hauptbahnhof, geht von dort zu Fuß oder nimmt die Tram Richtung Innenstadt.

Zoologischer Garten Rostock

Der größte Zoo an der Ostseeküste beherbergt 4500 Tiere aus 320 verschiedenen Arten, darunter auch Geparden und Jaguare. In einer historischen Parklandschaft kann man die Tierwelt von fünf Kontinenten erleben. Im Darwineum gibt es auf 20 000 Quadratmetern eine große Menschenaffenhalle sowie eine Naturerlebnis- und Wissenswelt.

Apr.–Okt. 9–19 Uhr, Nov.–März 9–17 Uhr | Barnstorfer Ring 1 | 18059 Rostock | Tel (03 81) 2 08 20 | Straßenbahnlinien 3 und 6 ab S-Bahnhof Parkstraße oder Rostock-Hbf | www.zoo-rostock.de

RostockCARD

Mit der RostockCARD hat man freie Fahrt im öffentlichen Nahverkehr und kann kostenlos die Fähre nach Warnemünde-Hohe Düne nutzen. Bei ausgewählten Kultur- und Freizeitangeboten erhält man bis zu 50% Ermäßigung. Gibt es auch als RostockCARD+Region mit freier Fahrt im ganzen Verbundgebiet. Erhältlich u. a. in der Touristeninformation.

RostockCARD: 24 Std. 12 €, 48 Std. 16 € | RostockCARD+Region: 24 Std. 19 €, 48 Std. 29 € | www.rostock.de/rostockcard

IGA-Park mit Schiffbau- und Schifffahrtsmuseum

Schön gestaltete Natur, Erlebniswelten für Jung und Alt und das Traditionsschiff „Frieden" lohnen den Besuch im weitläufigen IGA-Park. Der Park liegt zwischen Groß-Klein und Schmarl am Warnowufer .

April–Okt. täglich 9–18 Uhr, Nov.–März täglich 10–16 Uhr | Tel (03 81) 12 83 1-30 0 | www.iga-park-rostock.de | S-Bahn-Station Lütten-Klein (Fußweg zum Eingang Messe des IGA-Park)

Zwischen Warnemünde & Heiligendamm

Breite, weiße Sandstrände und wildromantische Kliffküsten prägen die Küste westlich von Warnemünde. Ein Küstenwald säumt über weite Strecken die teils geschützte Uferzone.

Drei Kilometer westlich von Warnemünde beginnt das **Naturschutzgebiet Stoltera.** Es zieht sich kilometerlang am Meer entlang bis zum gleichnamigen Kap. Schroffe Steilküste und bizarre Steinstrände bestimmen hier das Bild. Am Gasthof **Wilhelmshöhe** hat man einen weiten Blick auf eindrucksvolle Steinformationen und die Ostsee. Ähnlich sieht es beim Kap Stoltera aus. Hier knickt die Küstenlinie leicht nach Südwesten Richtung Nienhagen ab.

Im beschaulichen Seebad **Nienhagen** sind der Strand unterhalb der Steilküste und der Gespensterwald (▸ Seite 63) besondere Anziehungspunkte. Hinter dem Gespensterwald endet zunächst der Küstenwald, hier streift der Blick frei über Felder und Wiesen zum Stranddorf **Börgerende** (▸ Seite 66) und weiter zur *Weißen Stadt* **Heiligendamm** (▸ Seite 84).

Zwischen Warnemünde und Kühlungsborn liegen naturbelassene Strände

Nienhagen

Das 1800 Einwohner zählende, ehemalige Fischdorf liegt direkt oberhalb einer Steilküste. Zentraler Treffpunkt im Ort ist der Kurplatz an der Steilküste. Dieser besteht aus einem Rondell mit Bänken, zwei Gaststätten, einem Hotel – und bietet eine wunderbare Aussicht aufs Meer. Von der kleinen Promenade führt eine Treppe mit Rampe zum unterhalb gelegenen weißen Strand.

Landeinwärts zieht sich die alleenartige Strandstraße durch das etwas verschlafen wirkende Ostseebad, in dem seit der Wende neue Wohnviertel und Ferienanlagen gebaut wurden.

Hauptattraktion von Nienhagen ist der pittoreske **Gespensterwald,** ein unmittelbar an der etwa 12 Meter hohen Steilküste gelegener Mischwald. Das Nienhäger Holz, so der offizielle Name, besteht vorwiegend aus Buchen und einigen Eichen. Vor allem die Buchen sind durch die salzhaltige, feuchte Seeluft und Wind im Lauf vieler Jahre so bizarr verformt worden, dass sie wahrhaft gespenstisch aussehen. Man erreicht das Waldgebiet in wenigen Minuten zu Fuß vom Kurplatz in Nienhagen Richtung Westen. Von dort führt ein reizvoller Wanderweg durch den Gespensterwald Richtung Börgerende, immer nahe der Steilküste. Unterhalb des Steilufers liegen wilde, zum Baden geeignete Strandabschnitte

Der geheimnisumwobene Gespensterwald ist die Hauptattraktion Nienhagens

mit feinem Sand. Hier finden sich auch sehr interessante Geröllablagerungen und einige große Findlinge. Wer bei klarer Sicht über die Ostsee schaut, entdeckt anderthalb Kilometer vor der Küste das **Riff Nienhagen** – ein zu Forschungszwecken angelegtes Künstliches Riff.

Nienhagen ist schon seit 1909 Ziel von Sommergästen. Die Ortschronik berichtet nicht ohne Stolz, dass zwischen 1909 und 1917 der Maler Lovis Corinth längere Aufenthalte in Nienhagen hatte und mehrere Werke mit regionalem Bezug schuf. So entstand hier das impressionistische Gemälde „Fischerkind aus Nienhagen" aus dem Jahr 1916, das die dreijährige Tochter seiner Logierfamilie zeigt.

Strand

Der Strand von Nienhagen besticht durch seine schöne Lage direkt unterhalb der Steilküste. Der Sandstrand mit steinigen Abschnitten ist selten überfüllt, Gastronomie gleich oberhalb im Ort. Parkplätze gegen Gebühr.

VERBINDUNGEN

Auto: Nienhagen liegt an der Land-

straße zwischen Warnemünde (10 km) und Bad Doberan (8 km).
Bus: Linie 119 alle 1-2 Stunden nach Bad Doberan und Warnemünde (Werft) sowie (werktags) nach Rostock-Lütten Klein.

INFORMATION

Kurverwaltung
In der Saison Mo–Fr 9–12 und 13–17 Uhr (Mi nur bis 12, Fr bis 16 Uhr), Juli/Aug. auch Sa 10–14, So 10–12 Uhr | Strandstraße 16 | 18211 Ostseebad Nienhagen | Tel (03 82 03) 8 11 63 | www.ostseebad-nienhagen.de

ÜBERNACHTEN

Hotel Sonnenwind
Hotel mit Aufzug, stufenlosen Eingängen und Wegen, freundliche und gut ausgestattete Zimmer, die meisten mit Balkon oder Terrasse. Mit Restaurant.
Strandstraße 26 | Nienhagen | Tel (03 82 03) 7 38 90 | www.hotel-sonnenwind.de | €€

Hotel Nienhäger Strand
Klobiges Gebäude direkt an der Promenade, einfache Zimmer, teils mit Meerblick.
Am Meer 1 | Nienhagen | Tel (03 82 03) 8 11 88 | www.hotelnienhaegerstrand.de | €-€€

Ferien Idyll Resort Seepferdchen
27 Doppel- und Reihenhäuser im nordischen Landhausstil mit 78 geräumigen und modernen Ferienwohnungen, 18-Loch Minigolfanlage, Wellnessbereich mit Saunalandschaft, Kinderspielplatz.
Kliffstraße 17 | Nienhagen | Tel (03 82 03) 7 76 70 | www.ferienidyll-seepferdchen.de | Wochenpreis: ab 805 € in der Hauptsaison

Villa Seestern
Kleine Anlage mit modernen, stilvoll eingerichteten 2- und 3-Raum-Ferienwohnungen mit Hartböden, Geschirrspüler, Balkon oder Terrasse.
Am Waldrand 1-3 | Nienhagen | Tel (03 81) 2 42 78 38 | www.fewo-nienhagen.de | ab 100 € in der Hauptsaison

Ferienwohnungen

Ferienwohnungen Hofstraße 18
Moderne und komfortable Wohnungen in einem Haus im Neo-Bäderstil im Neubauviertel, 10 Minuten Fußweg zum Strand.
Hofstraße 18 | Nienhagen | Tel (03 82 03) 95 30 04 | www.portal-nienhagen.de | ab 65 € in der Hauptsaison

ESSEN & TRINKEN

Strandrestaurant
Kleines maritim eingerichtetes Restaurant direkt am Kurplatz, große Terrasse mit Meerblick.
Strandstraße 42 | Nienhagen | Tel (03 82 03) 8 46 00

EINKAUFEN

Tante-Emma-Laden mit Lebensmitteln und Strandbedarf in der Hofstraße 6 im neuen Ortsteil. Hier gibt es auch einen Bankautomaten der Sparkasse. In der Strandstraße: Bäckerei und Café Felsky. Für größere Einkäufe fährt man nach Rethwisch oder Bad Doberan.

Börgerende

Börgerende ist das Stranddorf der Doppelgemeinde Börgerende-Rethwisch (1800 Einwohner). Hier findet man einen naturbelassenen Strand, viel Ruhe und eine zwar nicht spektakuläre, aber intakte Natur. Gleich westlich grenzt der **Conventer See** an Börgerende, ein Strandsee, an dem etliche Sumpf- und Wasservögel leben (▸ Seite 68). Doch auch die Welt der noblen Seebäder ist nicht weit. Vom Strand sieht man schon die 3 Kilometer westwärts gelegene Weiße Stadt Heiligendamm.

Börgerende-Rethwisch zieht sich von der Ostseeküste fast 5 km entlang der landeinwärts führenden Seestraße ins Binnenland. An der Seestraße stehen einige schöne, zum Teil reetgedeckte Fachwerkhäuser. **Rethwisch** wurde erstmals 1297 urkundlich genannt. Früher lebten die Einwohner vor allem von der Fischerei und der Rohrgewinnung. Der Ortsname **Börgerende** ist vermutlich entstanden, als während des 30-jährigen Krieges 13 „Börger" aus der später nicht mehr existierenden Rostocker Burg auswanderten und sich am Ende von Rethwisch niederließen.

Manche Menschen aus der ehemaligen DDR werden sich vielleicht noch an das FDGB-Ferienheim Hotel Waterkant in Börgerende erinnern. Das 1976 eröffnete Hotel hatte 462 Betten, eine Gaststätte mit 240 Plätzen, Schwimmbad und etliche medizinische Einrichtungen. Heute sucht man die Großeinrichtung vergebens: Das nach der Wende leerstehende und nur noch als Ruine vorhandene Bauwerk ist 2008 abgerissen worden. Nun ist hier ein Neubaugebiet mit Einfamilien- und Reihenhäusern entstanden. Ein anderes Relikt aus der DDR-Zeit steht aber noch am Strand: der denkmalgeschützte **Ostsee-Grenzturm Börgerende,** einer der zwei letzten noch erhaltenen Grenzwachtürme an der Ostsee.

Eine andere Sehenswürdigkeit ist die **Kirche in Rethwisch:** Die dreischiffige Feldsteinkirche stammt aus dem 14. Jahrhundert, der Westturm besteht aus Holz. Der Schnitzaltar stammt in seinen ältesten Teilen aus dem 15. Jahrhundert.

Strand

Der naturbelassene, flach ins Meer abfallende Sandstrand von Börgerende liegt gleich hinter dem Dünendamm, ist eher schmal und teils steinig.

VERBINDUNGEN

Auto: Die Landstraße zwischen Warnemünde (13 km) und Bad Doberan (6 km) führt durch Rethwisch. Nach Börgerende gelangt man von dort über die Börgerender Straße.
Bus: Die zentrale Bushaltestelle liegt in Rethwisch an der Landstraße (4 km von Börgerende und der Ostsee entfernt). Von dort fahren Busse der Linie 119 ca. alle 1-2 Stunden nach Bad Doberan und nach Warnemünde, Werft sowie (werktags) nach Rostock-Lütten Klein. Börgerende wird nur werktags von einigen wenigen Bussen angefahren.

INFORMATION

Tourist-Information
Mitte Apr.–Mitte Okt. Mo–Fr 9–13 Uhr, Mitte Okt.–Mitte Apr. Di+Do 9–12 Uhr |

In Börgerende stehen reetgedeckte Fachwerkhäuser

Conventer See

Die **Conventer Niederung** mit dem Naturschutzgebiet Conventer See ist heute ein kleines Naturparadies. In dem Gebiet leben viele Sumpf- und Wasservögel, es gilt als eines der wichtigsten **Wasservögelbrut- und -rastgebiete** an der Ostseeküste. Der Conventer See war ursprünglich eine Meeresbucht, die sich zu einem Strandsee wandelte. Um 1260 begannen Zisterziensermönche aus dem Kloster Doberan, das Moorgebiet der Conventer Niederung zu entwässern. Als 1968 die Jemnitzschleuse gebaut wurde, war der Wasseraustausch des Sees mit der Ostsee unterbrochen. Die Vegetationsbedingungen verschlechterten sich und es drohte eine Verlandung des Sees. Um das zu verhindern und gleichzeitig den Hochwasserschutz zu verbessern, wurde seit 1998 unter anderem ein Kanal gebaut, der die Ostsee wieder mit dem Conventer See verbindet – und damit den Wasseraustausch wiederherstellt. Die Jemnitzschleuse und die angrenzenden Deichanlagen wurden so umgebaut, dass der Küstenabschnitt einem Hochwasser bei schwerer Sturmflut standhalten kann.

Ein Einblick in das Schutzgebiet ist von der Jemnitzschleuse aus möglich. Die geschützten Flächen dürfen nicht betreten werden.

Seestraße 14 | 18211 Börgerende | Tel (03 82 03) 7 49 73 | www.börgerende-rethwisch.de

ÜBERNACHTEN

Strandschloss Arielle
Renovierte alte Villa gleich hinter der Stranddüne, Zimmer teils mit Meerblick und Balkon, Suite im Dachgeschoss, Restaurant, Wellness: Sauna, Dampfbad, Whirlpool, Solarium.
Seestraße 83 | Tel (03 82 03) 77 69 80 | www.strandschloss-arielle.de | €€

Fachwerk-Pension
Liebevoll und mit vielen Originalteilen neu errichtetes Niederdeutsches Fachwerkhaus mit Reetdach, 150 Meter vom Meer entfernt, Restaurant, im 1. Obergeschoss 6 individuell gestaltete DZ, Wellnessbereich mit Sauna und Solarium.
Seestraße 38 | Tel (03 82 03) 8 22 48 | www.pension-fachwerk.de | €€

Pension Reitcamp Börgerende
Hier dreht sich alles um Pferde: Reitkurse aller Art für Kinder und Erwachsene, Reithalle und Reitanlage, schicke Pensionshäuser im dänischen Stil für Reiterferien.
Sonnensteg 50 | Tel (03 82 03) 77 69 80 | www.reitcamp-boergerende.com | Pensionshaus für 4-8 Personen, 165 Euro pro Tag in der Hauptsaison

Camping

Feriencamp Börgerende
Campingplatz mit 250 Stellflächen hinterm Deich, wenige Meter zum Strand, neues Sanitärgebäude, Sauna, Spielplatz, Restaurant.
Deichstraße 16 | Tel (03 82 03) 8 11 26 | www.ostseeferiencamp.de

ESSEN & TRINKEN

Restaurant in der Fachwerk-Pension (▶ Seite 68), frische saisonale Küche, sonnige Terrasse, offener Kamin

GALERIEN/KUNST

Kunstscheune Rethwisch
Kunst und Kunsthandwerk von Künstlern hauptsächlich aus Mecklenburg-Vorpommern. Keramik, Schmuck, Filz, Malerei und anderes.
In der Saison tgl. 11–18 Uhr | Börgerender Str. 5 | Tel (03 82 03) 22 99 64 | www.kunst-scheune-rethwisch.meinatelier.de

AKTIVITÄTEN

Heimatmuseum Börgerende-Rethwisch
Kleinen Ausstellung über die Geschichte des Ortes, traditionelles Handwerk und die Landwirtschaft.
Seestraße 14 | Im Haus der Touristinformation, gleiche Öffnungszeiten (▶ Seite 68) Ortsführungen unter Tel (03 82 03) 7 49 73

EINKAUFEN

Tante Emma
Mo–Fr 7–17 Uhr, Sa–So 7–11 Uhr, in der Saison länger geöffnet | Seestraße 30a | Tel (01 74) 42 74 46 9 | www.tante-emma-Boergerende.de

Am Strand von Börgerende

Bad Doberan

Das knapp 12000-Einwohner-Städtchen ist das Verwaltungs- und Geschäftszentrum des Kühlungsborner Landes. Die Kurstadt hat nicht nur eine lebendige Altstadt, sondern auch touristische Top-Highlights zu bieten. Das Doberaner Münster, erbaut im 14. Jahrhundert, ist eines der imposantesten Gebäude der norddeutschen Backsteingotik. Die Dampfeisenbahn *Molli*, die Bad Doberan mit der Ostseeküste verbindet, bahnt sich zweimal stündlich fauchend und bimmelnd den Weg durch die Hauptgasse der Stadt. Und 5 Kilometer entfernt liegt der berühmte Stadtteil Heiligendamm (▸ Seite 84) mit seiner Weißen Stadt am Meer.

Bad Doberan bietet sich als Alternative für Urlauber an, denen in Kühlungsborn oder Warnemünde im Sommer zu viel Trubel herrscht – und die trotzdem nicht auf die Annehmlichkeiten einer lebendigen kleinen Stadt in Meeresnähe verzichten wollen.

In Bad Doberan findet man Hotels und Ferienwohnungen zu modera-

Der Kamp wurde einst als herrschaftlicher Lustgarten geschaffen

ten Preisen, einige Restaurants und gute Einkaufsmöglichkeiten. Und der Weg zum 6 Kilometer entfernten Ostseestrand ist nicht nur landschaftlich reizvoll, sondern lässt sich auch noch erlebnisreich auf guten Radwegen oder mit den Dampflokzügen des *Molli* zurücklegen. Dazu kommt die wunderschöne Umgebung der Stadt, die rundum zu Wanderungen und Radtouren einlädt.

Für alle Besucher, die ohne Auto des Kühlungsborner Land entdecken wollen, ist Bad Doberan der ideale Standort, denn von hier gelangt man mit Bahn, *Molli* und Bus schnell in alle Richtungen.

Vom Kloster zur Residenzstadt

Noch bis Ende des 18. Jahrhunderts war Doberan ein ärmliches Dorf unweit des Münsters. Entstanden war es, als um 1180 Zisterzienser-Mönche am späteren Münster das Kloster Doberan errichteten. Als nach der Reformation das Kloster 1552 geschlossen wurde, änderte sich für die Doberaner wenig. Im Kloster wurde ein herzogliches Amt eingerichtet, es entstanden eine Mühle und ein Jägerhaus.

Knapp 250 Jahre später, als sich ab 1793 der Strand bei Heiligendamm zum ersten Seebad Deutschlands entwickelte, begann auch der Aufstieg Doberans zum Urlaubs- und Vergnügungsort. Die kleinen, be-

scheidenen Häuser der Bauern und Handwerker wurden aufgestockt oder mussten repräsentativen Villen im Bäderstil weichen. Bald wurde Doberan zum Treffpunkt der feinen Gesellschaft. Es entstand ein Spielcasino, ein Park nach englischem Vorbild (der Kamp), und 1822 eine Galopp-Rennbahn vor den Toren der Stadt.

Den Anstoß für diesen Aufschwung gab der mecklenburgische Herzog Friedrich Franz I. (▶ Seite 15). Er machte Doberan zu seiner Sommerresidenz, ließ Palais, Logierhäuser und das Casino bauen. Bis heute prägen die stattlichen weißen Gebäude das Stadtbild im Zentrum Doberans. Gebaut wurden viele der Prachtbauten von den Baumeistern Theodor Severin und Johann Christoph von Seydewitz.

Da Bad Doberan im II. Weltkrieg kaum beschädigt wurde, ist das alte Stadtzentrum bis heute weitgehend erhalten geblieben. Nach dem Ende der DDR waren allerdings viele historische Gebäude im Stadtkern in einem schlechten baulichen Zustand. Seitdem wurden die meisten Häuser in der klassizistischen Altstadt sowie der Klosterbereich saniert. Noch in den Neunziger Jahren des 20. Jahrhunderts bot Bad Doberan aber ein eher tristes Bild. Auch gingen damals viele Arbeitsplätze verloren, junge Leute zogen weg. Erst in

Steckbrief: Bad Doberan

Gründung: Um das Jahr 1170
Verwaltung: Bad Doberan liegt im Landkreis Rostock. Bis Oktober 2011 war Bad Doberan Sitz des Landkreises Bad Doberan. Im November 2011 wurde der Landkreis mit dem Landkreis Güstrow zusammengelegt und heißt nun Landkreis Rostock. Bad Doberan behielt seine Amts-Funktionen.
Einwohner: 11325 (mit Heiligendamm und weiteren Vororten)
Fläche: 32,74 qkm
PLZ: 18209
Telefon-Vorwahl: 038203
Geografische Lage: Der Stadtkern liegt 6 Kilometer von der Ostsee entfernt, am südöstlichen Rand des Höhenzugs der Kühlung.
Wirtschaft: Wichtigste Arbeitgeber sind die Glashäger Brunnen GmbH (einer der größten Mineralwasser-Abfüller in Mecklenburg-Vorpommern), die Kreisverwaltung (Amt Bad Doberan) und das Grand Hotel in Heiligendamm. Bad Doberan ist ein regionales Mittelzentrum, Gewerbe und Handel sind von wirtschaftlicher Bedeutung. Der Tourismus spielt eine zunehmend wichtige Rolle.
Arbeitslosenquote: Im Juli 2011 hatte der (damalige) Landkreis Bad Doberan mit 7,9 Prozent die niedrigste Arbeitslosenquote in Mecklenburg-Vorpommern. Die niedrige Arbeitslosenzahl hängt zusammen mit der Nähe zu Rostock und der Hochsaison im Tourismus.

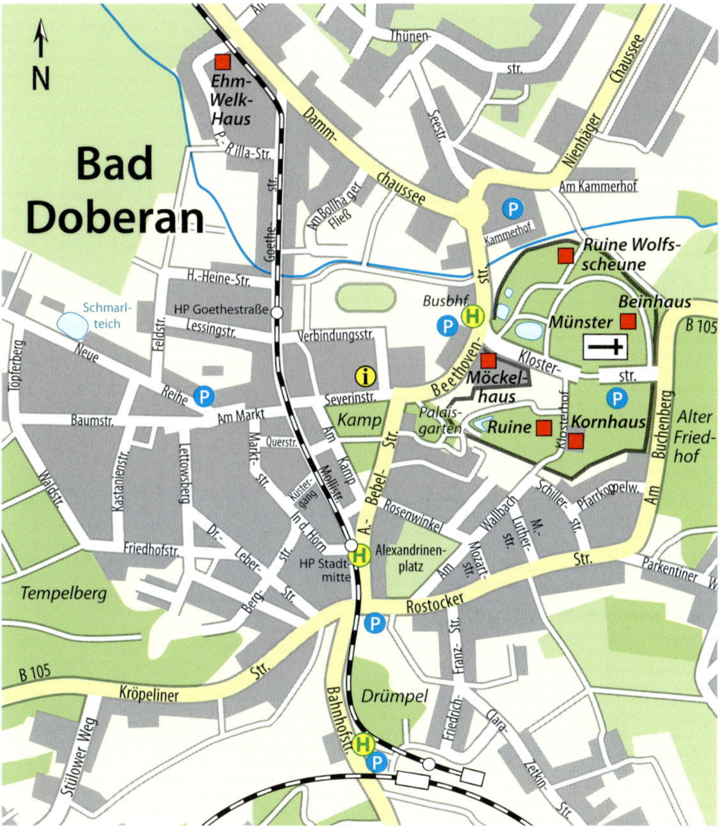

den letzten Jahren gewann Bad Doberan wieder an Attraktivität. Dazu beigetragen hat auch die Eröffnung des Grand Hotels in Heiligendamm. Der dort veranstaltete G8-Gipfel im Jahr 2007 machte das Seebad weltberühmt (▸ Seite 84). Seitdem kommen jährlich mehr Gäste in die Region, die Arbeitslosenquote gehört zu den niedrigsten in Mecklenburg-Vorpommern. Und Bad Doberan hat sich wieder zu einem kleinen, feinen Städtchen entwickelt.

Sehenswertes

Das Stadtzentrum mit seinen historischen Gebäuden aus der Anfangszeit des Bädertourismus erstreckt sich in dem Dreieck zwischen Kamp, Alexandrinenplatz und Mollistraße. Etwas abseits liegt westlich davon der kleinstädtische Marktplatz.

Der **Kamp**, die dreieckige, von Linden umstandene Grünanlage im Stadtzentrum war im 19. Jahrhundert der gesellschaftliche Mittelpunkt von Bad Doberan. Ehemals als Kuhweide des Dorfes genutzt, ließ Herzog Friedrich Franz I. um 1800 hier einen kleinen Park zum Lustwandeln anlegen. Dazu gehörten auch zwei hübsche Pavillons im chinesischen Stil. Sie dienen heute als Café und Galerie. An der Ostseite wird der Kamp von den weißen Prachtbauten des Herzogs gesäumt, darunter das 1796 erbaute **Logierhaus** (August-Bebel-Straße 2, heute **Hotel Friedrich-Franz-Palais**), das **Großherzogliche Salongebäude** (Hausnummer 3) von 1802 und das **Großherzogliche Palais** (Hausnummer 4).

Gleich südlich des Kamp schließt sich der **Alexandrinenplatz** an. Auch hier steht ein weißer Prachtbau des Hofarchitekten Severin: Das **Prinzenpalais** (Alexandrinenplatz 8, heute ein Hotel, ▸ Seite 78) hatte Hofbaumeister Carl Theodor Severin 1822 ursprünglich als Wohngebäude für sich errichtet. Doch schon kurz nachdem das Palais fertig war, verkaufte er es an das Prinzenpaar, das es als Sommerresidenz nutzte. Er selbst baute sich dann 1824 ein deutlich bescheideneres Haus schräg gegenüber, das heutige **Haus Gottesfrieden** am Alexandrinenplatz 5.

Eine Sehenswürdigkeit aus neuerer Zeit steht an der Ecke zur Mollistraße: Das Denkmal für Frank Zappa. Es erinnert daran, dass auf der Rennbahn in Bad Doberan seit 1990 die *Zappanale* stattfindet (▸ Seite 25).

Münster & Klosterpark

Wenige 100 Meter östlich des Kamp liegt der Klosterpark mit dem Münster. Vom Kamp aus führt der kürzeste Weg zu Fuß durch die Grünanlage neben dem Landratsamt direkt in den Klosterpark.

Gemächlich bahnt sich der Molli seinen Weg durch Bad Doberan

Ein guter Ort – die Gründungslegende von Doberan

Nachdem der Vorläufer des Klosters in Althof (▶ Seite 81) vermutlich bei einem Aufstand slawischer Einwohner zerstört worden war, gelobte der christlich-slawische Thronerbe ein neues Kloster zu bauen. Und zwar dort, wo der erste von ihm erlegte Hirsch zusammenbrechen würde. Das geschah dann schließlich auf einer sumpfigen Wiese. Als der Thronfolger und seine Entourage noch überlegten, ob dies wirklich ein guter Platz sein könne, um ein Kloster zu bauen, kam ein Schwan vorbeigeflogen und stieß die Laute *dobre, dobre* aus, was im Slawischen *gut, gut* bedeutet. Also wurde hier das Kloster gebaut, und der Ort wurde fortan *Dobrean* genannt, zu deutsch *Guter Ort*.

An die Gründungslegende erinnert noch heute der Schwan im Stadtwappen von Bad Doberan. Im Rathaus ist die Gründungsgeschichte auf einem großformatigen Gemälde dargestellt. Man kann es im Rahmen einer Stadtführung ansehen.

★ Das Münster

Das Doberaner Münster gehört zu den Perlen der deutschen Backsteingotik. Die prächtige Kathedrale wurde 1368 als Klosterkirche eines Zisterzienserklosters geweiht. Heute ragt sie allein in einem weitläufigen Park gen Himmel, von den übrigen Klosteranlagen sind nur noch wenige Ruinen übrig geblieben.

Mit dem Bau des Münsters wurde Ende des 13. Jahrhunderts begonnen. Davor gab es auf dem Klostergelände eine kleinere Kirche im romanischen Stil, die 1291 durch einen Blitzschlag schwer beschädigt worden war. Damals war das Zisterzienserkloster schon so bedeutend, dass man nun ein wirklich monumentales Gotteshaus errichten wollte. Die neue Kirche wurde nach dem Vorbild französischer Kathedralen gebaut. Man wollte ein perfekt proportioniertes, nach den strengen Regeln der Backsteinkunst geplantes Gebäude errichten. Dazu wurden im Lauf von rund 70 Jahren fünf Millionen Backsteine verbaut. Jeder dieser Backsteine wog ca. 8 Kilogramm. Eine Knochenarbeit, an der drei Generationen über sieben Jahrzehnte trugen. Bevor das Bauwerk errichtet werden konnte, mussten zunächst der Sumpf trockengelegt und das Fundament geschaffen werden – auch das eine Schwerstarbeit über Jahre.

Das 1368 geweihte Münster beeindruckt bis heute. Gleich beim Eintreten schweift der Blick unwillkürlich nach oben: Das kunstvolle Rippengewölbe der Decke der Kathedrale strahlt Strenge und Schönheit gleichermaßen aus. Die ganze, dreischiffige Kathedrale leuchtet in den prächtigsten Farben und Formen der Gotik. Üppige Glasmalereien filtern das Licht auf fast magische Weise.

Reich ausgestattet sind auch viele Werke im Kirchenschiff: Der **Hochaltar** von 1310 ist vergoldet und mit zahllosen Schnitzfiguren geschmückt. Links davon erhebt sich der schlanke, um 1350 aus Eichenholz geschnitzte **Sakramentsturm.** In der Mitte des Hauptschiffs steht der **Kreuzaltar** aus der Zeit um 1360. Er teilte ehemals den Kirchenraum der Mönche von dem der Laienbrüder ab. Besonders kunstvoll geschnitzt sind die Seitenwände des Chorgestühls (um 1280).

Im Chorrundgang und in den Kapellen der Seitenschiffe befinden sich imposante **Grabmäler der Landesfürsten.** Ingesamt fanden 50 Mitglieder der Fürstenfamilie ihre letzte Ruhestätte im Münster. Dies ist auch einer der Gründe, warum das Doberaner Münster nicht, wie viele andere Klosterkirchen in der Zeit nach der Reformation, zerstört wurde.

Das Kloster aber bestand nur bis 1552, dann wurde es in Folge der Reformation aufgelöst und danach als herzoglicher Landwirtschaftsbetrieb genutzt. Heute ist das Doberaner Münster einer der am besten erhaltenen Backsteinkathedralen Europas. Seit der Reformation ist es eine evangelische Kirche.

Der Klosterpark

Das Klostergelände ist fast vollständig von einer Backsteinmauer umgeben, die die Mönche zwischen 1283 und 1290 um die Klosteranlage errichtet haben. Heute liegt innerhalb der Mauer der idyllische Klosterpark, in dem neben dem Münster noch weitere Überbleibsel des Klosters zu entdecken sind. Das Gelände wurde erst ab 1793 zu einem englischen Landschaftspark umgestaltet, in der Zeit, in der sich Doberan zur Sommerresidenz der herzoglichen Familie entwickelte.

Nahe beim Münster befanden sich die Klausurbauten der Klosterbrüder, mit dem Kreuzgang und den Schlaf- und Arbeitsgebäuden. Davon blieb nur ein **Mauerrest des Kreuzgangs** direkt am Eingang des Münsters erhalten. Die Gebäude wurden im Laufe der Jahrhunderte abgetragen, ihre Backsteine oft in anderen Häusern verbaut.

Gleich nordöstlich des Münsters steht das frühgotische **Beinhaus.** In dem kleinen achteckigen Backsteinturm aus der Mitte des 13. Jahrhunderts wurden die Gebeine der Klosterbrüder aufbewahrt, deren Gräber wegen Neubelegung aufgelöst worden waren.

Erhalten ist auch das über 700 Jahre alte **Kornhaus** im Südteil des Parks. Der ehemalige Getreidespeicher der Zisterzienser dient seit der Sanierung im Jahr 2011 als Begegnungs- und Ausstellungszentrum. Auch ein Café (Di–So 13–17 Uhr) und ein Gästehaus (▶ Seite 79) gibt es. Hinter dem Kornhaus liegt der frei zugängliche **Klostergarten** mit Kräuterbeeten. Für Kinder wurde am Kornhaus ein Spielplatz angelegt, auf dem die Kleinen vor historischer Kulisse klettern und toben können. Die große, eindrucksvolle **Ruine** gegenüber vom Kornhaus war einmal das klösterliche Wirtschaftsgebäude. Es brannte 1979 aus.

Eine weitere Ruine steht in der nördlichen Ecke des Parks: Die **Wolfs-**

Das Münster ist eine Perle norddeutscher Backsteinkunst

scheune, ein zweigeschossiger Backsteinbau mit großen Bogenfenstern, der 1283–90 errichtet wurde, diente den Klosterbrüdern vermutlich als Hospiz.

Von Juni bis September wird das Münster jeden Freitagabend zur stimmungsvollen Kulisse der Konzertreihe **Münster, Molli & Musik** (▸ Seite 25).

Mai–Sep. Mo–Sa 9–18, So 11–18 Uhr, März, Apr. & Okt. Mo–Sa 10–17, So 11–17 Uhr, Nov.–Feb. Mo–Sa 10–16, So 11–16 Uhr | Der Klosterpark ist frei zugänglich | Klosterstraße | www.muenster-doberan.de

Stadt- und Bädermuseum

Das Museum in einer neogotischen Villa zeigt die Geschichte von Doberan-Heiligendamm als dem ersten deutschen Seebad. Herausragend ist die Sammlung historischer Badeanzüge und -bekleidung, die einmal im Jahr beim historischen Anbaden Mitte Juni zum Einsatz kommen (▸ Seite 24).

15. Mai–15. Sep. Di–Fr 10–12 und 13–17, Sa/So 12–17 Uhr, 16. Sep.–14. Mai Di–Fr 10–12 und 13–16, Sa 12–16 Uhr | Beethovenstraße 8 | Tel (03 82 03) 6 20 26 | www.stadtmuseum.moeckelhaus.de

Ehm-Welk-Haus

Hier lebte der Autor des bekannten, auch erfolgreich verfilmten Romans „Die Heiden von Kummerow" von 1950 bis zu seinem Tod 1966. Im Haus gibt es eine sehenswerte Ausstellung zu Leben und Werk des beliebten Schriftstellers. Höhepunkt ist das original erhaltene Arbeitszimmer mit seiner 5000 Bände umfassenden Bibliothek.

Di–Sa 13–16 Uhr | Dammchaussee 23 | Tel (03 82 03) 6 23 25

VERBINDUNGEN

Bahn: stündlich Regionalbahn Richtung Rostock und Wismar.
Die Schmalspurbahn *Molli* verbindet Bad Doberan stündlich (im Winter alle 2 Stunden) mit den Seebädern Heiligendamm und Kühlungsborn.
Busse: Vom zentralen Busbahnhof (Beethovenstraße, nahe des Klosterparks) in Bad Doberan fahren Busse nach Rostock, Warnemünde, Kühlungsborn, Heiligendamm, Rerik und weiteren Zielen der Umgebung.
Auto: A20, Abfahrt Bad Doberan
Taxi: Andreas Neumann
Tel (03 82 03) 1 78 17

INFORMATION

Tourist-Information

Severinstraße 6 | 18209 Bad Doberan | Tel (03 82 03) 6 21 54 | www.bad-doberan.de | Mitte Mai– Mitte Sep. Mo–Fr 9–18, Sa 10–15 Uhr, Mitte Sep.–Mitte Mai Mo, Di, Mi, Fr 9–16, Do 9–18 Uhr

Stadtführung

Treffpunkt an der Tourist-Information.

Mai–Okt. Di und So 11 Uhr

ÜBERNACHTEN

Hotel Prinzenpalais

In der ehemaligen Sommerresidenz der Mecklenburgischen Herzöge. Errichtet 1831, 30 Zimmer und Suiten, die Einrichtung orientiert sich am Klassizismus und Empire. Kleiner Wellnessbereich. Restaurant.

Alexandrinenplatz 8 | Tel (03 82 03) 7 31 60 | www.prinzen-palais.de | €€

Am Alexandrinenplatz erinnert ein Denkmal an Frank Zappa

Hotel Friedrich-Franz-Palais
Ehemaliges großherzogliches Logierhaus, erbaut 1795. Das klassizistische Anwesen am Kamp ist teilweise renoviert. Die preiswerteren Standardzimmer sind eher klein und einfach. Das Restaurant, eingerichtet im Biedermeier-Stil, wird gelobt. Kleiner Fitness- und Saunabereich.
August-Bebel-Straße 2 | Tel (03 82 03) 77 92 90 | www.hotel-friedrich-franz-palais.de | €€

Gästehaus am Klostergarten
Im restaurierten Krauthaus auf dem Gelände des Klosterparks hat man 7 kleine, aber schöne Gästezimmer mit Holzfußböden und moderner Einrichtung geschaffen. Im benachbarten Kloster-Café im Kornhaus wird den Gästen Frühstück serviert. Ruhig und romantisch.
Klosterhof 1 | Tel (03 82 03) 6 22 80 | www.kornhaus-baddoberan.de/gaestehaus | €

via Tipp **Hotel Villa Sommer**
Kleines feines Hotel in einer behutsam renovierten Jugendstilvilla nahe Bahnhof (man sieht auch die Dampfzüge der Traditionsbahn *Molli* an- und abfahren), komfortable Zimmer und Suiten mit Holzfußböden und stilvoll-moderner Einrichtung, teils mit Balkon. Ins Stadtzentrum 15 Minuten zu Fuß.
Friedrich-Franz-Straße 23 | Tel (03 82 03) 7 34 30 | www.hotel-villa-sommer.de | €€

Hostel Haus der Horizonte
17 Zimmer mit 2-4 Betten in einem renovierten Plattenbau. Auch Angebote für Familien, Übernachtung ab

Das Café Zikke liegt versteckt im Alexandrinenhof

22 Euro.
Seestraße 13 | Tel (03 82 03) 73 15 73 | www.gaeste-hausderhorizonte.de

ESSEN & TRINKEN

Kaffeehaus Sparre
Im ehemaligen Magnet-Kaufhaus am Alexandrinenplatz hat die traditionsreiche Rostocker Konditorei-Kette Sparre ein großes Caféhaus im Wiener Stil geschaffen, auch das Klavier wird öfter bespielt. Terrasse mit Molli-Blick.
Tgl. bis 19 Uhr | Alexandrinenplatz 1a | Tel (03 82 03) 73 47 97 | www.baeckerei-sparre.de

Zum Weißen Schwan
Feine Küche in schönem Ambiente, leicht gehobene Preise. Terrasse mit Blick auf den Marktplatz. Bestes Restaurant in Bad Doberan.
Di–So 12–14 und 18–22 Uhr | Am Markt 9 | Tel (03 82 03) 7 78 20 | www.zumweissen-schwan.de

Restaurant & Café Weisser Pavillon
Frische Gerichte aus regionalen Zutaten im Pavillon auf dem Kamp. Schöne Terrasse mit Parkblick.
Tgl. 12–21.30 Uhr, im Sommer ab 11 Uhr | Auf dem Kamp | Tel (03 82 03) 6 23 26 | www.weisser-pavillon.de

Café Zikke
Etwas versteckt im Alexandrinenhof (▸ Seite 81) liegt dieses lauschige Café. Im Angebot sind unter anderem leckere Flammkuchen, Salate und hausgemachte Kuchen. Kinderfreundlich, Wickeltisch vorhanden. Im Sommer sitzt man schön im Hof auf der Terrasse mit Springbrunnen.

NACHTLEBEN & UNTERHALTUNG

Auch Bad Doberan hat ein Nachtleben: Das Moritz (Mollistraße 15) und das Café Z. (Mollistraße 9) sind Anlaufstationen für Nachtschwärmer. Ebenso das Bistro und die Bierbar im Kamp-Theater.

Kamp Theater
Eine Institution in Bad Doberan: Kino, Veranstaltungshaus, beliebtes Restaurant und Bierkeller unter einem Dach. Der Betreiber unterhält auch das Ostseekino in Kühlungsborn.
Tgl. ab 11 Uhr | Severinstraße 4 | Tel (03 82 03) 6 24 13 | www.kino-doberan.de

EINKAUFEN

Wochenmarkt
Donnerstag und Samstag auf dem Marktplatz.

Buchhandlung am Markt
Die gut sortierte Buchhandlung am Marktplatz versorgt Bad Doberan mit Lesestoff.
Am Markt 13 | Tel (03 82 03) 1 52 06

GALERIEN/KUNST

Alexandrinenhof
Begrünter Hinterhof mit Werkstätten von Handwerkern und Künstlern, eine Galerie zeigt wechselnde Ausstellungen, im Café Zikke lässt es sich gut verweilen.
Alexandrinenplatz 2 (am Mollibahnhof Stadtmitte)

Roter Pavillon
Wechselnde Ausstellungen zeitgenössischer Kunst im roten Pavillon auf dem Kamp.
Kamp | Tel (03 82 03) 1 24 04 | www.roter-pavillon.de

Rund um Bad Doberan

Bad Doberan Ort ist fast von allen Seiten von Wald umgeben: Im Norden, Richtung Heiligendamm, liegt der Große Wohld, dahinter die Doberaner Wiesen mit dem Naturschutzgebiet Conventer See (► Seite 68). Im Süden ragen gleich hinter dem Bahnhof bewaldete Hügel auf. Und westlich stehen hinter den letzten Häusern der Altstadt die Bäume von Kellers Wald.

Althof

Besonders lohnenswert für Kulturinteressierte. In dem 3 Kilometer entfernten Vorort steht nicht nur die Ruine des Vorläuferbaus des späteren Doberaner Klosters, sondern auch eine noch heute gut erhaltene Kapelle aus dem 14. Jahrhundert (Tour 3 ► Seite 127).

Glashäger Tal

Südlich von Bad Doberan wird die Landschaft hügelig, zwischen Wiesen, Feldern und kleinen Wäldchen liegen kleine abgeschiedene Dörfer. Besonders der Ausflug ins Glashäger Tal, einem dicht bewachsenen Bachtal, aus dem das Glashäger Mineralwasser stammt, ist ein Erlebnis (Tour 3 ► Seite 127).

Kröpelin

Die am Südrand der Kühlung gelegene Kleinstadt eignet sich als Ziel für eine Radtour oder eine ausgedehnte Wanderung übers Land. Im Zentrum steht die Stadtkirche, ein Backsteinbau aus dem 13. Jahrhundert. Auf dem Weg dorthin kommt man durch das Dorf Steffenhagen, wo es eine Museumsschmiede gibt.

★ Der Molli

Die Schmalspurbahn *Molli* dampft und schnaubt im Sommer alle halbe Stunde durch die Altstadt von Bad Doberan .

Der Molli erinnert bei jeder Fahrt an längst vergangene Zeiten. Seit 1886 fährt die Bahn auf schmaler Spur (Spurweite 900 Millimeter) von Bad Doberan an den Ostseestrand. Bis heute stehen 5 Dampfloks zur Verfügung, um die historischen Wagen über die gut 15 Kilometer lange Strecke bis Kühlungsborn West zu ziehen. Eine kleine Sensation für Eisenbahnfans war die Inbetriebnahme einer neuen Lok im Jahr 2009 – der erste deutsche Dampflok-Nachbau seit fast 50 Jahren.

Bei ihrer Inbetriebnahme 1886 fuhr der Molli zunächst nur zwischen Doberan und dem Seebad Heiligendamm. Erst 1910 wurde die Strecke nach Brunshaupten und Arendsee (heute Kühlungsborn Ost & West) verlängert.

1920 wurde die Strecke von der Deutschen Reichsbahn übernommen. In den Nachkriegsjahren war sie Lehrlinie für die Ausbildung von Eisenbahnern in der DDR. Von 1974 an wurde die Strecke zur Touristenbahn umgebaut, seit 1976 ist der Molli als Denkmal der Verkehrsgeschichte registriert.

Nach der Wende verkaufte die Deutsche Bahn alle ihre Schmalspurbahnen. Der Molli wird seit

1995 von der Molli-GmbH betrieben, einem Zusammenschluss des Kreises Bad Doberan und der Städte Bad Doberan und Kühlungsborn. Seitdem fahren auf der Trasse das ganze Jahr über historische Züge nach Taktfahrplan, die Fahrgastzahlen stiegen wieder an (ca. 600 000 Fahrgäste pro Jahr). Allerdings wurden auch die Fahrscheine teurer, besonders im Vergleich zur DDR-Zeit. Und so ist die Molli-Fahrt heute kein billiges Vergnügen mehr. Wer aber das nötige Kleingeld hat, kann sich für Familienfeiern oder Betriebsjubiläen sogar einen besonders prachtvoll ausgestatten Zug mieten – inklusive Bewirtung.

Auch die Bahnhöfe entlang der Strecke erhielten neue Funktionen: In Heiligendamm wurde das nostalgische Restaurant *Herzoglicher Wartesaal* eingerichtet, in Kühlungsborn West das Molli-Museum mit Café. Sogar Übernachten kann man im Molli-Bahnhof: In den Bahnhöfen der Seebäder wurden Zimmer und Ferienwohnungen eingerichtet.

Für wahre Bahnfans bieten sich noch ganz andere Perspektiven: Wer möchte, kann in Ferienkursen den Amateur-Lokführerschein auf der Dampflok machen.

Mecklenburgische Bäderbahn Molli GmbH | Tel (03 82 93) 43 13 31 | www.molli-bahn.de

★ Heiligendamm

Spätestens seit dem G8-Gipfel, dem Treffen der mächtigsten Regierungschefs der Welt im Juni 2007, kennt fast jeder Heiligendamm. Das Foto mit dem überdimensionalen Strandkorb voller Staatschefs ging damals um die ganze Welt.

Manch einer hält Heiligendamm wohl deshalb für ein großes Seebad – und wundert sich dann vor Ort: Denn außer dem prächtigen Grand Hotel, einer Kurklinik, zwei Gaststätten und einigen sanierungsbedürftigen Villen gibt es in Heiligendamm nicht viel. Außer: viel Geschichte. Denn Heiligendamm war das erste deutsche Seebad. Hier wurden erstmals Badekarren ins Meer gezogen, damit sich der Adel dem Bad in den Ostseewellen hingeben konnte. Am 21. September 1793 wurde das erste Badehaus eröffnet – das erste Seebad Deutschlands war gegründet. Der Anstoß dazu kam von Fürst Friedrich Franz I., seines Zeichens Herzog von Mecklenburg-Schwerin. Sein Leibarzt hatte ihm und seiner Familie das Bad im Seewasser empfohlen (▸ Seite 15).

Zunächst wurden die vornehmen Sommerfrischler noch jeden Morgen aus der nahen Residenzstadt Doberan herangekarrt. Bald aber wurden Gästehäuser und Villen in Heiligendamm gebaut. Das Kurhaus, heute Prunkstück des Grand Hotels, wurde 1816 errichtet. Bis 1870 entstand ein klassizistisches Gesamtkunstwerk aus insgesamt 26 Gebäuden: die *Weiße Stadt am Meer*. Bald kamen neben den adligen Gästen auch betuchte Bürgerliche ins Seebad Heiligendamm.

Im Jahr 1939 wurde das Bad für Heereszwecke beschlagnahmt und als Reserve-Lazarett genutzt.

Zu DDR-Zeiten war die *Fachschule für angewandte Kunst (FAK)* in Heiligendamm untergebracht. Der Schriftzug der Fachschule ist noch heute an dem Gebäude an der Straße nach Kühlungsborn zu erkennen. Während der Semesterferien im Sommer beherbergte die Fachschule Kinderferienlager des Ministeriums für Kultur der DDR.

Nach der politischen Wende kaufte 1996 die Fundus-Gruppe weite Teile Heiligendamms und ließ 2003 das Grand Hotel eröffnen. Im Mittelpunkt der exklusiven Hotelanlage steht das klassizistische Kurhaus, das von der Seeseite wie ein römischer Tempel aussieht. Mächtige Säulen tragen die Vorhalle, Stuckreliefs und ein goldener Schriftzug schmücken die makellos weiße Fassade.

Das Engagement der Fundus-Gruppe empfinden viele Bad Doberaner als Fluch und Segen zugleich: Einerseits haben die Investoren mit der Eröffnung des Grand Hotels Heiligendamm wieder zu neuem Leben erweckt. Andererseits fühlen sich viele Nicht-Hotelgäste ausgeschlossen: Da die Hotelanlage weiträumig umzäunt ist, können Nicht-Hotelgäste die prachtvollen Gebäude nur aus der Entfernung anschauen. Auch sind früher vorhandene direkte Wege zwischen Bahnhof und Strand unterbrochen, man muss Umwege in Kauf nehmen. Ungeklärt ist auch, was mit der Mehrzahl der ehemals weißen Villen an der Promenade geschieht. Sie stehen, bis auf eine, weiterhin leer und

Herzstück des Grand Hotels: das ehemalige Kurhaus

trüben das makellose Bild der Weißen Stadt. Im Februar 2012 musste der Betreiber des Hotels Insolvenz anmelden, der Betrieb ging allerdings uneingeschränkt weiter. Der Wettstreit um den Erwerb der Luxusherberge begann. Schließlich fand sich 2013 im zweiten Anlauf ein neuer seriöser Besitzer. Er will mit behutsamen Renovierungen und neuen Ideen dem Hotel zum alten Glanz verhelfen. Vielleicht sogar mit einem etwas offeneren und moderneren Konzept.

Den besten Blick auf die Hotelanlage hat man von der **Seebrücke** und von der **Strandpromenade** aus. Von hier aus sieht man auch den **Gedenkstein** auf dem Hotelgelände für Großherzog Friedrich Franz I., den Gründer von Heiligendamm.

Strand

Am teilweise etwas steinigen Sandstrand stehen einige Strandkörbe. Wer an der Steilküste entlang nach Westen Richtung Kühlungsborn wandert, findet nach ca. 20 Minuten reizvollere Abschnitte mit Sandstrand.

VERBINDUNGEN

Auto: Von Bad Doberan (6 km) führt die längste Lindenallee Deutschlands nach Heiligendamm.
Bahn: Die Schmalspurbahn *Molli* fährt tagsüber stündlich (im Winter alle 2 Stunden) von Bad Doberan über Heiligendamm nach Kühlungsborn.
Bus: Linie 121 (Bäderbus) verbindet Heiligendamm alle 1-2 Stunden mit Rostock und Bad Doberan sowie Kühlungsborn und Rerik.

INFORMATION

Heiligendamm hat keine Tourist-Information. Auskünfte gibt es am Molli-Bahnhof oder bei der Tourist-Information in Bad Doberan (▸ Seite 78). Es gibt keine Einkaufsmöglichkeit. Vom Molli-Bahnhof aus ist der direkte Weg zum Strand für Nicht-Gäste des Grand Hotels gesperrt, man gelangt über den Waldweg östlich des Hotelgeländes zur Strandpromenade. Mehr über die Geschichte von Heiligendamm erfährt man bei einer Ortsführung. Oder auf der ausführlichen Webseite www.zeit-am-meer.de.

Ortsführungen
Lohnenswerte Führung zur Geschichte der Weißen Stadt. Treffpunkt vor dem Eiscafé an der Promenade.
Mai–Okt. jeden Mi und So 10.30 Uhr

ÜBERNACHTEN

Grand Hotel Heiligendamm
5-Sterne-Luxus-Hotel im klassizistischen Ambiente, in dem schon die G8-Staatschefs nächtigten. Aller

Ein schöner Strandweg führt von Börgerende nach Heiligendamm

Komfort, verteilt auf mehrere pompöse Gebäude. Restaurants und Bars. 3000 Quadratmeter großer SPA mit Pool, Sauna, Solarium, Fitnessgeräten. Sport- und Kulturangebote. Kindervilla und Kinderbetreuung. Üppig ausgestattete Zimmer mit King-Size-Betten, Fußbodenheizung im Bad.

Prof.-Dr.-Vogel-Straße 6 | 18209 Heiligendamm | Tel (03 82 03) 74 00 | www.grandhotel-heiligendamm.de | €€€

ESSEN & TRINKEN

Kurhaus Restaurant
Das elegante Kurhaus Restaurant bietet eine kreative und leichte, regional inspirierte Küche mit frischen Produkten aus der Region. Im Sommer sitzt man grandios auf der großen Terrasse mit Meerblick. Nicht billig.

Im Grand Hotel Heiligendamm | 18 bis 22.30 Uhr | Reservierung Tel (03 82 03) 7 10-62 10

Gourmet Restaurant Friedrich Franz
Exklusives Sterne-Restaurant im Kurhaus, schnörkellose französische Küche von Ronny Siewert, 10 Tische. Teuer.

Im Grand Hotel Heiligendamm | 18 bis 22.30 Uhr | Reservierung Tel (03 82 03) 7 10-62 10

Herzoglicher Wartesaal
Frische regionale Küche im restaurierten Bahnhof von Heiligendamm. Jede Stunde hält die Schmalspurbahn *Molli* am Bahnsteig.

Tgl. 11–22 Uhr | Im Bahnhof Heiligendamm | Tel (03 82 03) 77 37 00 | www.molli-bahn.de

via Tipp **Deck Heiligendamm**
Restaurant, Bistro und Waldbar am Kinderstrand von Heiligendamm, Tagsüber frische Snacks in der Bistro-Bar, abends feine euro-asiatische Küche. Entspannte Atmosphäre, Terrasse mit traumhaftem Meerblick. Ca. 15 Minuten zu Fuß von Heiligendamm entfernt am Ostseeküstenradweg Richtung Kühlungsborn, Parkplatz vorhanden.

Apr.–Okt 11–16 Uhr, Mai–Sep. 10–22 Uhr | Am Kinderstrand 3 | Heiligendamm | Tel (03 82 03) 6 31 07 | www.deckheiligendamm.de

Gut Vorder Bollhagen
Biohof, 3,5 Kilometer südlich von Heiligendamm, beliefert auch das Grand-Hotel. Im Hofladen kann man Kartoffeln, Eier, Ziegenwurst, Ziegenschinken, Rindfleisch, Lammfleisch und Suppenhühner erwerben. Dazu gibt es ein regionales Sortiment an Obst und Gemüse.

Di–Mi 12–16, Do–Fr 9–18, Sa 10–13 Uhr | Hauptstr. 1 | 18209 Vorder Bollhagen | Tel (03 82 03) 1 64 79

AKTIVITÄTEN

Golf Resort Wittenbeck
Gut 6 Kilometer von Heiligendamm entfernt breitet sich auf einem hügeligen Gelände das weitläufige Golfresort aus. Plätze für Anfänger wie für ambitionierte Golfspieler. Golfschule.

Zum Belvedere | 18209 Wittenbeck | Tel (03 82 93) 41 00 90 | www.golf-resort-wittenbeck.de

Kühlungsborn

Fast wie aus einem Bilderbuch wirkt das große Seebad Kühlungsborn: Die alleeartigen Straßen sind gesäumt von renovierten oder neu gebauten Häusern im Bäderstil. Am kilometerlangen Sandstrand stehen bunte Strandkörbe. Auf der Seebrücke wird flaniert, ab und zu legt ein Ausflugsdampfer an. Und am modernen Bootshafen schaukeln hunderte von großen und kleinen Booten im Wasser.

Dabei hat sich das größte Seebad der mecklenburgischen Ostseeküste eine gewisse Unaufgeregtheit bewahrt. Das liegt vielleicht auch an der Weiträumigkeit von Kühlungsborn: Dort, wo der geografische Mittelpunkt des Ortes liegt, erstreckt sich ein ausgedehnter Stadtwald. Eine weitere Besonderheit: Zwischen dem schönen Sandstrand und den ersten Gebäuden verläuft über 4 Kilometer Länge ein schmaler, naturbelassener Küstenwaldstreifen. Auch er gehörte ursprünglich zum Stadtwald.

Wie Kühlungsborn entstand

Ursprünglich bestand das heutige Kühlungsborn aus drei Ansiedlungen: Neben den beiden ehe-

Hinter dem weiten Strand in Kühlungsborn West ragen historische Gebäude auf

maligen Fischerdörfern Arendsee (heute Kühlungsborn West) und Brunshaupten (heute Kühlungsborn Ost) zählte auch Gut Fulgen dazu. Fulgen lag ungefähr dort, wo heute der Bootshafen mit seiner mediterranen Promenade steht. Die Bewohner der drei Dörfer lebten ärmlich von Fischfang und Landwirtschaft. Das änderte sich allmählich, als der Bädertourismus in den 1880er Jahren begann. 1887 zählte man in Brunshaupten rund 600 Einwohner und 300 Gäste. Die ersten prunkvollen Gebäude im Bäderstil entstanden um die Jahrhundertwende. 1908 wurde das Kurhaus in Brunshaupten eröffnet, 1912 die neobarocke Villa Baltic (▸ Seite 100).

Die Verlängerung der Bahnstrecke von Bad Doberan nach Brunshaupten und Arendsee 1910 brachte einen entscheidenden Schub im Tourismus der aufstrebenden Seebäder. Die beiden Orte wuchsen allmählich zusammen und konkurrierten miteinander um Badegäste. 1938 folgte der Zusammenschluss von Arendsee und Brunshaupten-Fulgen zur Stadt Kühlungsborn. Der nahe Höhenzug der Kühlung stand Pate für den neuen Namen. Heute liest man auf offiziellen Karten aus Kühlungsborn auch wieder die alten Namen Arendsee und Brunshaupten, in Klammern gesetzt – gern wird auf die Tradition vor 1938 verwiesen. Die drei Möwen im Stadtwappen symbolisieren die

Steckbrief: Kühlungsborn

Gründung: Die Besiedlung ist seit ca. dem Jahr 1170 nachgewiesen. Die Stadt Kühlungsborn entstand 1938 durch Zusammenschluss der Gemeinden Brunshaupten und Arendsee.
Verwaltung: Das Ostseebad Kühlungsborn liegt im Landkreis Rostock.
Einwohner: 7 200
Fläche: 16,16 qkm
PLZ: 18225
Telefon-Vorwahl: 03 82 93
Geografische Lage: Kühlungsborn zieht sich über 5 Kilometer am Ostseestrand entlang. Unmittelbar südlich der Stadt erhebt sich der Höhenzug der Kühlung. Kühlungsborn besteht aus zwei
Stadtzentren: Kühlungsborn West und Kühlungsborn Ost. In der Mitte zwischen beiden befindet sich der 133 Hektar große Stadtwald.
Wirtschaft: Hauptwirtschaftsfaktor ist der Tourismus. In Kühlungsborn gibt es 122 Hotels (2011). Im Jahr 2010 besuchten 367 850 Gäste das Ostseebad.
Forschung: Kühlungsborn ist Sitz des zur Leibniz-Gesellschaft gehörenden Instituts für Atmosphärenphysik, das in der Nähe das Forschungsradar OSWIN betreibt.

drei Ursprungsorte von Kühlungsborn.

Während des II. Weltkriegs dienten viele Hotels und Pensionen als Lazarette und Unterkünfte für Bombengeschädigte und Flüchtlinge. Am 2. Mai 1945 besetzten Truppen der Roten Armee kampflos die Stadt.

1947 wurde mit der Gründung des Feriendienstes des FDGB (Freier Deutscher Gewerkschaftsbund) das Bäderwesen unter sozialistischen Vorzeichen neu aufgebaut. Diese Phase gipfelte 1953 in der Enteignung und Vertreibung fast aller Hotel- und Pensionsbesitzer, genannt „Aktion Rose“. Aus den 50 Beherbergungsbetrieben in Kühlungsborn wurden Erholungsheime des Feriendienstes des FDGB, von Betrieben und des Reisebüros der DDR.

Die Plätze in den nun staatlichen Ferieneinrichtungen wurden bis 1989 hauptsächlich an DDR-Bürger nach bestimmten Richtlinien vergeben. Individualtourismus war, wie in den meisten Ostseebädern in der DDR bis 1989 nicht, oder nur durch Nutzung von Privatwohnungen oder den 1958 eröffneten Campingplatz, möglich.

Mit dem Mauerbau 1961 entstanden auch in Kühlungsborn Grenzsicherungsanlagen wie Wachtürme. Der Strand wurde nachts ausgeleuchtet und durfte nach 22 Uhr nicht betreten werden. Die Zahl der Gäste stieg weiter, 1967 kamen erstmalig über 100 000 Urlauber. 1972 wurde die Meerwasserschwimmhalle am heutigen Balticplatz eröffnet. Es war die erste in der DDR, der

Architekt Rudi Mehl durfte zuvor in den Westen reisen, um sich ähnliche Hallen in Travemünde und St. Peter-Ording anschauen zu können. 2003 musste die Halle wegen Baufälligkeit geschlossen werden.

Seit der Wiedervereinigung wurde der historische Ortskern gründlich saniert, viele Bauten wiederhergestellt. Einige Gebäude jedoch fielen der Abrissbirne zum Opfer wie das 1908 erbaute Arendseer Kurhaus am Balticplatz, das 1994 zum Abbruch freigegeben wurde. An seiner Stelle steht heute ein viel größerer, dem Kurhaus nachempfundener Neubau, in dem Ferienwohnungen und Gastronomie untergebracht sind *(Haus Meeresblick)*. Insgesamt wurde seit der Wende auf die Erhaltung und Wiederherstellung des historischen Ortsbildes gesetzt. Auch darf kein Gebäude die Wipfel der höchsten Bäume überragen.

Sehenswertes

In Kühlungsborn gibt es durch den Zusammenschluss von Arendsee und Brunshaupten 1938 nicht nur ein Zentrum, sondern zwei: Kühlungsborn Ost nahe der Seebrücke und Kühlungsborn West rund um den Balticplatz.

Bis heute gibt es daher vieles doppelt in Kühlungsborn: zwei Konzertgärten, zwei Filialen von Buchhandlungen, Bäckereien, Ladenketten. Dennoch haben beide Ortsteile ihre Besonderheiten. Das größere **Kühlungsborn Ost** hat die **Seebrücke,** die quirlige Einkaufsmeile Strandstraße und den Bootshafen mit seiner beliebten Promenade. **Kühlungsborn West** ist etwas ruhiger und vornehmer, hat den repräsentativen **Balticplatz,** die pittoresken **Kolonnaden** und die Nähe zu naturbelassenen Stränden. In beiden Stadtteilen finden sich viele Gebäude im Bäderstil, etliche davon sind historische Bädervillen der Jahrhundertwende. Die meisten von ihnen beherbergen heute Hotels und Ferienwohnungen.

Verbunden werden die beiden Ortsteile durch die ★ **Ostseeallee** (▶ Seite 91), der repräsentativen Allee mit vielen Bäderstilbauten.

Der neue **Bootshafen** und die **Hafenpromenade** in Kühlungsborn Ost bilden fast einen Stadtteil für sich: Der Hafen bietet Platz für 400 Boote, auch die Fischerkähne (fünf hauptberufliche Fischer gibt es noch in Kühlungsborn) legen hier an. An der Promenade reihen sich Restaurants und Läden aneinander. Sie sind aber nicht im Bäderstil nachgebaut, sondern sehen eher postmodern-mediterran aus – ein Hauch von Ibiza an der Ostsee. Die Promenade ist fast immer belebt, das Szene-Restaurant *Vielmeer* oft voll, im Sommer sitzt man auf einer Tribüne mit Meerblick. Das Hafenviertel ist auf der Meer-Seite modern und schick. Hinter der Hafenpromenade allerdings verlieren sich langweilige Appartement-Blocks zwischen weitläufigen Parkplätzen.

★ Ostseeallee

3 Kilometer zieht sich die Allee mit den vielen repräsentativen Bauten parallel zum Meer entlang. Sie verbindet die beiden Teile Kühlungsborns auf schönste Weise: Auf der Nordsei-

Ostseebad
Kühlungsborn
Konzert-
garten
West
Ostseeklinik
Kühlungsborn
Campingplatz
Kino
Ostseeallee
Kunst-
halle
U. d. Kolonaden
(Passage)
Baltic-Platz
Villa Baltic
Strandpromenade
Ostseeallee
Tannenstr.
Waldstr.
Poststr.
Hanne-Nüte-Weg
Onkel-Bräsig-Weg
Riedenweg
Poststr.
Häcker- Str.
Borgwardt-Str.
Ehm-Welk-Anger
Hermannstr.
Neue Reihe
Kühlungsborn West
(ehem. Arendsee)
Hermann-
Friedrich-
Möllereiweg
Bhf. Kühlungs-
born West
Neue Reihe
Fuchspass
Reriker
Str.
Kägsdorfer Landweg
Zur Asbeck
Schmalspurbahn
Grüner Weg
Grüner Weg
N

Ostsee
Seebrücke
Konzertgarten Ost
Ostsee Grenzturm
Strandpromenade
Ostseeallee
Bootshafen
Haus des Gastes
Rathaus
Kübomare
Wiesenweg
Rathausweg
Burgerweg
Hermann-
Hafen-str.
Schmalspurbahn „Molli“
Stadtwald
Dünenstr.
Lindenpark
Lindenstr.
Fischersteig
Strand-str.
Rudolf-Breitscheid-Str.
Hohe Düne
Löns-Weg
Kühlungsborn Ost
(ehem. Brunshaupten)
Reiterhof
Schulzentrift
Damenbadsteig
Doberaner Str.
Bhf. Kühlungsborn Ost
Strandstr.
Karl-Risch-Str.
Cubanzestr.
Fulgengrund
Wiesenschneese
Blocksbergschneese
Ulmen-str.
Wiesengrund
Lange Schneese
Am Karpfenteich
Schulweg
Möllereiweg
Wittenberger Landweg
Neue Reihe
Holländer Windmühle
Bhf. Kühlungsborn Mitte
Schloßstr.
Grüner Weg
Pfarrweg
St.-Johannis-Kirche

Die denkmalgeschützte Villa Laetitia beherbergt das Haus des Gastes

te Meer und Küstenwald, auf der Südseite viele schön sanierte Bädervillen und -hotels der Jahrhundertwendezeit. Kein Wunder, dass sich hier die besten Hotels und Restaurants in historischen Gebäuden drängen.

DDR-Grenzturm
Einer der letzten erhaltenen DDR-Grenztürme. Eine kleine Ausstellung erinnert an die deutsche Teilung und daran, wie unbarmherzig die Grenzsicherung funktionierte. Besteigung des Turms nach Absprache möglich.
An der Strandpromenade nahe der Seebrücke | Kühlungsborn Ost | Tel (03 82 93) 1 40 20 | www.ostsee-grenzturm.com

Kunsthalle
Ehemals eine Lesehalle, beherbergt der repräsentative Jugendstilbau am Balticplatz heute wechselnde Ausstellungen und Veranstaltungen. In jedem Fall lohnt allein schon der Blick in das Innere des tempelartigen Baus aus der Zeit um 1900.
Di–So 12–17 Uhr | Ostseeallee 48 | Kühlungsborn West | Tel (03 82 93) 75 40 | www.kunsthalle-kuehlungsborn.de

St.-Johannis-Kirche
Die spätromanische Feldsteinkirche am Ortsrand von Kühlungsborn stammt aus dem 13. Jahrhundert. Um das Jahr 1400 wurde sie um den gotischen Chorraum und das Gewölbe erweitert. Der hölzerne Kirchturm wurde 1680 errichtet. Im Innern findet man eine spätmittelalterliche Triumphkreuzgruppe aus dem 15. Jahrhundert und eine Madonnenfigur.
Schlossstraße | Kühlungsborn-Ost | www.kirche-kuehlungsborn.de

Strand

Fast 6 Kilometer feiner Sandstrand im Ortsbereich, DLRG-überwacht und gut besucht. Diverse Sportangebote, auch Beachvolleyballfelder. FKK-Abschnitte finden sich sowohl westlich als auch östlich des Stadtgebiets.

Wild und weniger besucht ist der schöne Strandabschnitt bei den Arendseer Dünen nahe dem Riedensee (▸ Seite 104), 3 Kilometer westlich von Kühlungsborn West, erreichbar nur per Rad und zu Fuß.

Sehr reizvolle Strandabschnitte gibt es auch in Richtung Heiligendamm unterhalb der Steilküste (Molli-Haltepunkt Steilküste, hier ist auch ein Parkplatz).

VERBINDUNGEN

Molli: Von den drei Bahnhöfen West, Mitte und Ost fährt die Schmalspurbahn *Molli* stündlich (im Winter alle 2 Stunden) nach Heiligendamm und Bad Doberan.
Busse: Bus 121 (Bäderlinie) verbindet Kühlungsborn alle 1-2 Stunden mit Heiligendamm, Bad Doberan und Rostock sowie mit Bastorf und Rerik. Abfahrt an den Molli-Bahnhöfen.
Taxi: Günter Schrepp
Tel (03 82 93) 1 65 36

INFORMATION

Haus des Gastes

In der stilvoll renovierten *Villa Laetitia* erhält man alle nur erdenklichen Informationen zu Kühlungsborn, kann Unterkünfte buchen und Eintrittskarten für Veranstaltungen kaufen. Außerdem finden hier Töpferkurse und weitere Workshops statt.
Ostseeallee 19 | 18255 Kühlungsborn | Tel (03 82 93) 84 90 | Mai-Sep. Mo–Fr 9–18, Sa/So/Fei 10–16 Uhr, Okt.-Apr. Mo–Fr 9–16, Sa/So/Fei 10–13 Uhr | www.kuehlungsborn.de

Stadtführungen

Die ganzjährigen (sehr empfehlenswerten) Stadtführungen beginnen am Haus des Gastes.
Mo und Sa 10.30 Uhr und Mi 14 Uhr

ÜBERNACHTEN

An der Ostseeallee reihen sich feine Hotels aneinander. Viele davon sind in restaurierten Bäderstil-Hotels der Jahrhundertwende untergebracht.

Villa Astoria

Herrschaftlich wohnen wie um 1900: 19 Zwei-Raum-Suiten mit edler klassisch-moderner Einrichtung und allem Komfort.
Ostseeallee 2 | Kühlungsborn Ost | Tel (03 82 93) 41 02-10 | www.villa-astoria.de | €€€

Vier Jahreszeiten

Drei stilvolle Bädervillen plus neue, im Stil angepasste Neubauten bilden das Hotel. Zimmer mit Parkettböden und edler Einrichtung. Schöner SPA-Bereich mit Schwimmbad und Sauna.
Ostseeallee 10-12 | Kühlungsborn Ost | Tel (03 82 93) 8 10 00 | www.4jahreszeiten-kuehlungsborn.de | €€€

Upstalsboom Hotelresidenz & SPA Kühlungsborn

Das neue Flagschiff des Hotelkonzerns, der in Kühlungsborn etliche Häuser betreibt. Zu DDR-Zeiten stand an dieser Stelle ein Krankenhaus, das nun im Neo-Bäderstil um-

gebaut wurde. 170 teils recht große Zimmer mit Teppichboden und eleganter Einrichtung. 1300 qm großes SPA, zwei Restaurants.
Ostseeallee 21 | In Mitte zwischen Kühlungsborn Ost und West | Ostseeallee 21 | Tel (03 82 93) 4 29 90 | www.upstalsboom.de/hotelresidenz | €€€

Hotel Strandperle
1903 im Stil der Bäderarchitektur errichtetes Haus, das 1997 komplett

Bäderarchitektur in Kühlungsborn

Die Bäderarchitektur von Kühlungsborn reicht zurück bis in das späte 19. Jahrhundert. Da der Badebetrieb um die Jahrhundertwende 1900 erheblich zunahm, wurden neue repräsentative Gebäude für vermögende Badegäste gebraucht. Viele Gebäude – vor allem Hotels und Pensionen, aber auch Bade- und Kureinrichtungen – wurden mit Elementen aus Klassizismus und Jugendstil verziert, Balkone und Erker eingefügt. Es entstand die typische Ostseebäderarchitektur.

Beispiele in Kühlungsborn West (Arendsee):
Hotel Rosenhof (Poststraße 18),
Hotel Esplanade (Herrmann-Häcker-Str. 44),
Villa Rheingold (Tannenstraße 7)
Beispiele in Kühlungsborn Ost (Brunshaupten):
Villa Hubertusburg (Hubertusburg Apparthotel, Ostseeallee 3),
Villa Lessing (Ostseeallee 27),
Hotel Strandblick (Ostseeallee 6),
Hotel Westfalia (Ostseeallee 17),
Hotel Vierjahreszeiten (Ostseeallee 10-12).

renoviert wurde. 26 unterschiedlich große Zimmer, teils mit Meerblick, teils mit Balkon. Kleiner Wellnessbereich mit Sauna, Whirlpool und Solarium. Restaurant.
Ostseeallee 4 | Kühlungsborn Ost | Tel (03 82 93) 87 90 | www.hotel-strandperle.info | €€

Hubertusburg Apparthotel
4-Sterne-Apparthotel in einer 2013 hochwertig renovierten Gründerzeitvilla. Stilvolle Zimmer mit Holzböden, klassisch-moderne Einrichtung, mit Pantryküche. Buchung über Hotel Strandperle.
Ostseeallee 4 | Kühlungsborn Ost | Tel (03 82 93) 87 90 | www.hotel-strandperle.info | €€€

Villa Ludwigsburg
Kleines Hotel in ehemaliger Bädervilla, ruhige Lage am Stadtpark, freundliches Personal, helle, unterschiedlich große Zimmer, allerdings sind die Einzelzimmer recht einfach und klein geraten.
Doberaner Straße 34 | Kühlungsborn Ost | Tel (03 82 93) 85 90 | www.villa-ludwigsburg.de | €€

Ferienwohnungen

Großes Angebot, man findet sie unter anderem im gedruckten Gastgeberverzeichnis der Touristik-Service-Kühlungsborn, das man im Haus des Gastes bekommt (▶ Seite 95) oder im Internet. Die meisten FeWos findet man auf der Plattform:
www.kuehlungsborn-travel.de | Tel (03 82 93) 4 32 40
Weitere regionale Anbieter:
www.meerfun.de und www.sodan-ostsee.de

Landhaus Bülow
In dem renovierten Altbau in einem großen Garten gibt es FeWos unterschiedlicher Größe. Getestet und für gut befunden haben wir die schöne 3-Zimmer-FeWo *Seestern* mit Einrichtung im Landhausstil, die sehr gut ausgestattet ist und Platz für 4 Personen bietet.
Friedrich-Borgwardt-Straße 22 | Kühlungsborn West | (Familie Take) Tel (03 82 93) 43 48 70 | 2-Zimmer-FeWo ab 99 €, 3-Zi-FeWo ab 125 € in der Hauptsaison | Gefunden bei www.kuehlungsborn-travel.de

Uns Strandhus
2007 errichtetes Appartement-Haus in Anlehnung an die historische Bäderarchitektur. Ruhig und zentral gelegen. Komfortable Wohnungen, hochwertige moderne Ausstattung, alle mit Balkon oder Terrasse. Tiefgarage. Sehr wohl gefühlt haben wir uns in Wohnung Nr. 9, einer großzügigen 3-Zimmer-Wohnung mit leichten Dachschrägen im 2. OG.
Hermann-Häcker-Straße 24 | Kühlungsborn West | Zu buchen über Zimmer-am Meer | Tel (03 82 93) 1 55 07 | www.zimmer-am-meer.de | 100 €/Nacht in der Hauptsaison

Jugendherberge

Jugendgästehaus Kühlungsborn
145 (Etagen-)Betten in einem renovierten Altbau. Spartanische Ausstattung mit hauptsächlich 4-, 5- und 6-Bettzimmern, Toiletten und Gemeinschaftsduschen auf der Etage oder im EG, Übernachtung in der Hauptsaison ab 25 Euro.
Dünenstraße 4 | Kühlungsborn Ost | Tel (03 82 93) 1 72 70 | www.jgh-kuehlungsborn.de

Camping

Campingpark Kühlungsborn
Schöne strandnahe Lage gleich hinter dem Küstenwald am Rand von Kühlungsborn West, teils Stellplätze unter Bäumen, neuer Animations-Außenbereich, Bocciabahnen.
Waldstraße 1b | Kühlungsborn West | Tel (03 82 93) 71 95 | www.topcamping.de

ESSEN & TRINKEN

Rossini
Beliebter Italiener in den Kolonnaden in Kühlungsborn West. Leckere Steinofenpizza, schöne Terrasse, moderate Preise.
Unter den Kolonaden 2 | Kühlungsborn West | Tel (03 82 93) 43 64 0

Edel & Scharf
Wirklich edle Currywurst und gute Pommes an der Hafenpromenade neben dem Vielmeer.
Am Yachthafen | Kühlungsborn Ost | Tel (03 82 93) 49 08 55 | www.edel-und-scharf.com

via Tipp **Vielmeer**
Der Anziehungspunkt an der Hafenpromenade: Das bekannte Restaurant bietet nicht nur eine vielfältige, leichte Küche, sondern hat auch eine Tribüne am Wasser, wo man sich trifft und schaut. Am Wochenende auch Live-Musik.
Am Yachthafen | Kühlungsborn Ost | Tel (03 82 93) 4 17 41 | www.vielmeer.com

Brauhaus
Großes beliebtes Gasthaus mit eigener Brauerei, auf der Speisekarte unter anderem Wirtshausspezialitäten wie Backleberkäse und Mecklenburger Sauerfleisch. Sehr gutes selbstgebrautes naturtrübes Bier.
Strandstraße 41 | Kühlungsborn Ost | Tel (03 82 93) 40 60 | www.ostsee-brauhaus.de

Fischkaten zur Maischolle
Gaststätte des Kühlungsborner Fischers Peter Klatt. Ostseedorsch und Flunder gehören zu seinen typischen Fängen. Zubereitet wird nach mecklenburgischer Art.
Tgl. 11–22 Uhr (außerhalb der Saison Mo Ruhetag) | Cubanzestraße 1 | Tel (03 82 93) 73 75 | www.fischkaten-maischolle.de

Seeteufel
Kleine maritime Gaststätte in einem hübsch renovierten Fachwerkhaus. Bodenständige Küche, im Sommer sitzt man auch schön im Garten.
Tannenstraße 9 | Kühlungsborn West | Tel (03 82 93) 1 29 00

Classic Café Röntgen
Traditionscafé und -konditorei mit den vermutlich besten Torten und Kuchen der ganzen Ostseeküste. Zwei Filialen:
Ostseeallee 45 in Kühlungsborn West (am Balticplatz im Haus Meeresblick) und Strandstraße 30 in Kühlungsborn Ost | www.classic-conditorei.com

Stadtbäckerei Junge
Große, freundliche SB-Cafés der bekannten Bäckereikette mit guter Kaffee- und Kuchenauswahl. Ebenfalls zwei Filialen:
Unter den Kolonaden 5 in Kühlungsborn West (Ecke Balticplatz, mit großer Terrasse) und Zur Seebrücke 2 in Kühlungsborn Ost

Die Skulptur „Vater und Sohn" an der Seebrücke in Kühlungsborn Ost

Villa Baltic

Am Balticplatz in Kühlungsborn West steht das architektonisch bedeutsamste historische Gebäude der Stadt: Die Villa Baltic, die seit Jahren dem Verfall preisgegeben ist.

Der säulengeschmückte, neobarocke Prachtbau wurde 1912 für einen jüdischen Rechtsanwalt gebaut. Nach dessen Tod überließ seine Witwe die Villa einer Jüdischen Hochschule, die sie als Erholungsstätte nutzte. 1935 zertrümmerten Nazis die Fensterscheiben des „Judenschlosses", nachdem zuvor Arendsee als „judenfrei" erklärt worden war. Bald darauf wurde die Villa von der „Goebbels-Stiftung für Bühnenschaffende in der Reichstheaterkammer" für einen Spottpreis übernommen.

In der DDR gehörte die Villa dem FDGB-Feriendienst. Seit der Wende steht das Haus leer. 2009 wurde es an einen Augenarzt verkauft, der es zu einem 5-Sterne-Hotel mit Augenklinik umbauen will. Allerdings ist die Sanierung des Gebäudes an den Abriss und Neubau der benachbarten Ruine der Meerwasserhalle geknüpft – über die Einzelheiten streiten sich Stadt und Investor.

Die Villa Baltic zählt trotz Leerstand und allmählichem Verfall noch immer zu den repräsentativen Bauten an der Promenade von Kühlungsborn-West.

NACHTLEBEN & UNTERHALTUNG

Tribüne am Vielmeer
Das Zentrum für Nachtschwärmer ist im Sommer die Hafenpromenade am Yachthafen. Rund um die Tribüne am Restaurant Vielmeer (▶ Seite 98) wird promeniert, edel gespeist und Cocktails getrunken. An Sommer-Wochenenden gibt es Live-Musik an der Tribüne.
Am Yachthafen | Kühlungsborn Ost

Cheeta
Einziges Nachlokal in Kühlungsborn. Eventgastronomie für Einheimische und Touristen, vorwiegend jüngeres Publikum. Mit Klimaanlage.
Fr, Sa und vor Feiertagen ab 22 Uhr | Doberaner Straße 27/Ecke Strandstraße | Kühlungsborn Ost

Ostseekino Kühlungsborn
Kino mit 150 Plätzen, aktuelle Filme für Kinder und Erwachsene.
Waldstraße 1c | Kühlungsborn West | Tel (03 82 93) 1 33 99 | www.ostseekino-kuehlungsborn.de

Strandkorbkino
Tolles Erlebnis in lauen Sommernächten: Open-Air-Kino am Strand, man sitzt bequem im Strandkorb.
Im Juli und Aug. | Am Bootshafen in Kühlungsborn Ost (100 Meter Richtung Heiligendamm) | Tel (03 82 93) 1 33 99 | www.ostseekino-kuehlungsborn.de

GALERIEN/KUNST

Atelierhaus Rösler-Kröhnke
Die Werke der Berliner Künstlerfamilien Kröhnke und Rösler stellt Anka Kröhnke in einer ehemaligen Ausflugsgaststätte aus. Das Spektrum reicht von Bildern der Berliner Secession bis zu Werken zeitgenössischer abstrakter Kunst. Wechselnde Ausstellungen und Öffnungszeiten. Circa 5 Kilometer außerhalb von Kühlungsborn an der Landstraße nach Kröpelin. Ein – allerdings recht steiler – Radweg führt bis fast vor das Gelände.
Schlossstraße 4 | Kühlungsborn | Tel (03 82 93) 1 53 99 | www.anka-kroehnke.de

AKTIVITÄTEN

Molli-Museum
Das kleine Museum im Bahnhof Kühlungsborn West dokumentiert die Geschichte der Bahn mit historischen Fahrzeugen und vielen Utensilien. Auch kann man sich hier für Lokführerkurse anmelden.
Bahnhof Kühlungsborn Ost | Fritz-Reuter-Straße 1 | (Café) Tel (03 82 93) 43 13 30 | Apr.-Okt. 10–17.30, Nov.-März 11–16 Uhr

Heimatstube und Leseraum
Ausstellungsstücke besonders zur Geschichte des Seebades.
Di–Sa 9–12 und 13–17 Uhr | Im Haus Rolle (neben dem Haus des Gastes) | Ostseeallee 18 | Tel (03 82 93) 82 34 60

Kletterwald
Schöner großer Klettergarten am Stadtwald.
Ostseeallee 25/26 | 25. März–3. Nov. bis 18 Uhr (Mo, Di meist Ruhetag), Ende Juni–Mitte Aug. tgl. 10–19 Uhr | Info (03 82 93) 41 76 23 | www.kletterwald-kuehlungsborn.de

Wassersport-Center
Surfkurse, Segelkurse und -törns. Mit

Pension Sailers Inn (DZ €€).
Anglersteig 2 | Kühlungsborn West | Tel (03 82 93) 1 40 26 | www.wassersport-center.de

Kübomare
Meerwasserschwimmhalle mit Sauna und Wellnesslandschaft. 25 Meter Schwimmbecken sowie kleineres Attraktionsbecken, beide mit 29° C warmem Ostseewasser. Kein Kinderbecken. Gehört zum Morada Hotel, ist aber für alle zugänglich.
Mo–So 10–21 Uhr (Saunawelt ab 14 Uhr) | Erwachsene ab 8 € (1,5 Stunden), Kinder/ Jugendliche bis 16 ab 6 €, Familienkarte 25,50 € (3 Stunden) | Rudolf-Breitscheid-Straße 19 | Kühlungsborn Ost | Tel (03 82 93) 4 31 21 00 | www.kuebomare-kuehlungsborn.de

Reiterhof Böldt
Reitunterricht für Kinder und Erwachsene auf traditionsreichem Reiterhof. Am östlichen Ortsrand von Kühlungsborn, hinter dem Bootshafen.
Fulgen 1 | Tel (01 72) 2 14 34 21 | www.reiterhof-boeldt.de

Minifreizeitpark
Im Sommer Minigolf-Anlage mit 18 Bahnen, Multifunktionsfläche für Streetball, Basketball und Badminton sowie Inline-Skaterbahn. Außerdem Tischtennisplatten und zwei Trampolinanlagen.
Hauptsaison tgl. 10–20 Uhr, Nebensaison 10–18 Uhr | Hermannstraße 19B | Kühlungsborn West | T el (01 72) 3 16 38 75 | www.ostsee-kinder-land.de

Fahrradverleih
Mehrere Anbieter. Freundlich und hilfsbereit sind die Mitarbeiter von OstseeBike. Auch Hol- und Bringservice.
Friedrich-Borgwardt-Straße 27 | Kühlungsborn West | Tel (03 82 93) 4 3 06 55 | www.ostseebike.de

Spielplätze
Molli-Spielplatz
In der Ostseeallee, Höhe *Hotel Strandperle,* großer Spielplatz mit Geräten auch für größere Kinder.

Spielplatz an der Promenade
Höhe *Hotel am Strand,* Spielplatz mit Piratenschiff und Klettergeräten.

Spielplatz östlich der Seebrücke
Neuer großer Spielplatz an der Promenade gleich östlich der Seebrücke, mit einer „Bäderbahn" aus Holz und mehr, leider kaum Schatten.

Schiffsausflüge
Die *MS Baltica* fährt Ende März bis Anfang Nov. jeden Mo, Di, Mi, Fr und Sa um 10 Uhr und Do um 11.30 Uhr von der Seebrücke nach Warnemünde.
Tel (03 81) 5 10 67 90 | www.ms-baltica.de

EINKAUFEN

Supermärkte bekannter Ketten finden sich in beiden Teilen Kühlungsborns.

Kolonnaden
Die Ladenpassage in Kühlungsborn West wurde nach historischen Vorbildern neu gebaut. Es gibt einige originelle Läden, darunter die *Kühlungsborner Kaffeerösterei,* die auch ausgefallene Schokoladenspezialitäten verkauft.

Cooler Treffpunkt: Die Tribüne beim Restaurant Vielmeer am Bootshafen

Unter den Kolonaden (zwischen Balticplatz und Poststraße) | Kühlungsborn West

Yachthafenpromenade
Zwischen Restaurants und Cocktailbars werden auch Kunsthandwerk, Souvenirs und Mode am Bootshafen angeboten.
Am Yachthafen | Kühlungsborn Ost

Kühlungsborner Wochenmarkt
Regionale Produkte.
Auf dem Bahnhofsvorplatz in Kühlungsborn Ost | Mi 8–14 Uhr

Kraut und Rüben
Bioladen, Naturkost und mehr aus der Region.
Strandstraße 39 | Kühlungsborn Ost | Tel (03 82 93) 1 64 32 | www.krautrueben.de

Strandbuchhandlung
Gut sortierte Buchhandlung mit zwei Filialen.
Strandstraße 36 | Kühlungsborn Ost | Tel (03 82 93) 1 42 81 und Poststraße 1 | Kühlungsborn West | Tel (03 82 93) 73 94

Rund um Kühlungsborn

Rund um Kühlungsborn gibt es viel zu entdecken: Die Hügellandschaft der Kühlung, wenig besuchte Strände, den ★ **Bastorfer Leuchtturm** (▸ Seite 106) und mehr. Am besten eignet sich dazu das Fahrrad, auch wenn es manchmal etwas hügelig oder ein Strandweg zum Sandweg wird (Tourenvorschläge ▸ Seite 118).

via Tipp Riedensee

Die Gegend um den Riedensee westlich von Kühlungsborn ist ein ganz besonderes Naturidyll: Vorn liegt ein naturbelassener weißer Sandstrand, dann kommen Stranddünen und Schilfgewächse und schließlich dahinter versteckt der Riedensee, mit seiner Mischung aus Salz- und Süßwasser und kleinen lauschigen Sandbuchten.

Man erreicht den See in ca. 40 Minuten zu Fuß von Kühlungsborn West – und das ist abgesehen von der Anreise per Boot oder Luftmatratze die einzige Möglichkeit, an diesen zauberhaften Ort zu gelangen, denn auch das Fahrrad muss die letzten paar 100 Meter auf dem zunehmend sandigen Weg geschoben werden.

Der Riedensee ist wie der Conventer See (▸ Seite 68) ein Strandsee, der sowohl aus Zuflüssen aus der Kühlung wie vom Ostseewasser gespeist wird. In den Dünen gedeiht eine einzigartige Vegetation mit seltenen Stranddisteln und der Mauerpfeffer mit seinen hübschen gelben Blüten.

Der Riedensee, sein Schilfgürtel und die umliegenden Sandwiesen sind als Naturschutzgebiet ausgewiesen. Das ganze Areal ist ein beliebtes Brutgebiet für Wasservögel. Teile des Ufers sind geschützt und dürfen nicht betreten werden, um die seltene Pflanzen- und Tierwelt zu erhalten. Daran sollten sich alle Besucher unbedingt halten. An den Wegen stehen Tafeln, die über das Naturschutzgebiet informieren.

Idyllisches Plätzchen am Riedensee

Kägsdorf

Das kleine Dorf am Ostseeradweg gehört zur Gemeinde Bastorf. Es liegt in leicht hügeliger Landschaft auf halbem Weg zwischen Kühlungsborn West (ca. 4 km bis zum Zentrum) und dem Bastorfer Leuchtturm. Ruhig ist es hier, das Meer liegt gleich um die Ecke (ca. 900 Meter entfernt).

Die Gegend um das ehemalige Lehnsgut war schon im 13. Jahrhundert besiedelt. An der Straße Zum Strande fällt das Herrenhaus ins Auge, ein imposantes neogotisches Gebäude aus der Mitte des 19. Jahrhunderts. Heute befinden sich darin Eigentumswohnungen. Im alten Gutspark findet man noch heute einen Gingko-Baum, der über 170 Jahre alt sein soll.

Die ländliche Idylle nahe der Ostsee ist beliebt bei Familien mit Kindern. Die *Pension Schmelzer* bietet beispielsweise Streichelzoo, Ponyreiten und einen Spielplatz zum Toben und Klettern an. Auch in der Ferienanlage *Gutspark Seeblick* gibt es neben Spielwiese und Sandkiste Tiere zum Anfassen. Das *Landhaus Ostseeblick* bietet Platz zum Spielen im Gutspark.

Strand

Der Strand direkt bei Kägsdorf besteht aus Sand und großen Steinen und ist eher wenig frequentiert. Berühmt ist er für seine Sonnenuntergänge. Feinsandiger wird der Strand 1-2 Kilometer nordöstlich, nahe den Ahrenseer Dünen. Am Kägsdorfer Strand gibt es in der Saison einen gebührenpflichtigen Parkplatz mit Strandkiosk.

ÜBERNACHTEN

Hotel Riedensee

Kleine Pension mit familiärer Atmosphäre, 16 eher einfache Zimmer und 8 Ferienwohnungen.

Zur Anlage gehört ein Badehaus mit kleinem Schwimmbecken und Sauna. Zum Strand 20 Minuten zu Fuß.

Zum Rieden 3 | 18230 Kägsdorf | Tel (03 82 93) 1 27 08 | www.hotel-riedensee.de | €-€€

Ferienwohnungen

Pension Schmelzer

Ferienwohnungen teils mit Blick zum Meer in einem umgebauten Gutshof, möbliert im Landhausstil.

Zum Strande 6 | Tel (03 82 93) 1 49 02 | www.pensionschmelzer.de | €-€€

Landhaus Ostseeblick

Moderne, komfortable Ferienwohnungen auf dem Gelände des Kägsdorfer Gutsparks. Alle Wohnungen mit Balkon oder Terrasse. Blick auf die Ostsee nur von wenigen Zimmern.

Zum Strande 3a | Tel (0 35 42) 4 68 44 | www.ferienwohnung-kaegsdorf.de | Ab 65 Euro/Nacht in der Hauptsaison

Ferienanlage Gutspark Seeblick

Familiengeführte Anlage mit 21 Ferienwohnungen im Landhausstil, mit Terrasse oder Balkon, ruhig gelegen, 900 Meter zum Kägsdorfer Strand.

Zum Strande 2 | Tel (03 82 94) 1 21 13 | www.gutspark-seeblick.de | €€

EINKAUFEN

Kiosk mit Imbissgarten im Ort und Strandkiosk

Bastorf

Das 1000-Einwohner-Dorf liegt in schöner Hügellage am Rand der Kühlung. Nach Kühlungsborn sind es 4 Kilometer hügelabwärts, zum nächsten Strand bei Kägsdorf 3 Kilometer. Hauptsehenswürdigkeit ist der ★ **Bastorfer Leuchtturm,** erbaut 1878 auf dem 76 Meter hohen Signalberg. Der Aufstieg zum roten Klinker-Leuchtturm ist ein *Muss* für jeden KüBo-Besucher. Von dem weithin sichtbaren Turm und seinem Hügel hat man einen fantastischen Blick auf die Landschaft um Kühlungsborn und die Ostsee. Ein kleines Museum hält außerdem interessante Informationen bereit. Geöffnet hat der Leuchtturm im Sommer von 11–17 Uhr und im Winter von 11–16 Uhr. Am Fuß des Turms lockt überdies das *Café Valentins* mit exzellenten Kuchen und Panoramaterrasse.

VERBINDUNGEN

Bus 121 alle 1-2 Stunden Richtung Kühlungsborn, Bad Doberan und Rostock sowie nach Rerik.

ÜBERNACHTEN

Pension zum Leuchtturm
Kleine freundliche Pension an der Hauptstraße, unterschiedlich große Zimmer, gutes Preis-Leistungsverhältnis.
Zum Leuchtturm 2 | 18230 Bastorf | Tel (03 82 93) 4 23 16 | www.pension-zum-leuchtturm.de | €

Gutshof Bastorf
Familien- und Wellnesshotel, Restaurant und gut sortierter Hofladen auf einem großen denkmalgeschützten Gutshof. Ferienwohnungen verschiedener Größe in Reetdachscheunen, Bauernhäusern oder in Neubauten. Spielplatz, Spielraum, kinderfreundliche Ausstattungen, Häschen-Streichelzoo.
Kühlungsborner Straße 1 | Tel (03 82 93) 64 50 | www.gutshof-bastorf.de | FeWo ab 92 Euro/Hauptsaison

ESSEN & TRINKEN

Gutshof Bastorf
Im Restaurant des Gutshofs werden ausgesuchte Gerichte aus der Region serviert, auch Vegetarisches, vieles hat Bio-Qualität. Mit Terrasse. Der Hofladen (10–18 Uhr) verkauft regionale und biologische Waren: Obst, Tees, Sanddornprodukte, Milch, Käse, Wurst aus Mecklenburg.

Café Valentins
Leckere Kuchen und Torten, aber auch Frühstück und Tagesgerichte serviert das Kaffee-Haus gleich neben dem Leuchtturm. Gratis dazu gibt es den Panoramablick hinunter zur Ostsee.
Mo–Fr 11–18, Sa/So 10–18 Uhr, im Sommer länger | Zum Leuchtturm 8 | Tel (03 82 93) 41 02 70 | www.valentins-cafe.de

Meschendorf

Zwei Dutzend Häuser, eine Galerie, naturbelassener Strand an der Steilküste und in der Nähe ein 5-Sterne-Camping-Platz – das ist Meschendorf. Ein Idyll am Rand des Ostseeküstenradwegs.

VERBINDUNGEN

Von Rerik führt ein Fahrweg Richtung Meschendorf. Busse bzw. Anruftaxis verkehren nur Mo–Fr zweimal täglich.

ÜBERNACHTEN

Möve-ABA
9 farbenfrohe, moderne Bungalows von 33 bis 50 qm und 5 Appartements mit 35 bis 58 qm Größe. Hell und freundlich im skandinavischen Stil eingerichtet. Familienfreundliche Anlage mit Grillplatz im Garten, Bücherei, Spiele- und Fahrradverleih.
Strandweg 2 | 18230 Meschendorf | Tel (03 82 96) 71 00 | www.moeve-aba.de | ab 59 Euro/Nacht (Hauptsaison)

Camping

Ostseecamp Seeblick
5-Sterne Campingplatz direkt an der Ostsee. Neben 300 Camping- und Caravanstellplätzen gibt es auf dem idyllisch gelegenen Platz auch 48 komfortable Bungalows, Mobilheime und Appartements. Auch eine Wellnessoase, Restaurant, SB-Markt fehlen nicht. Nach Rerik sind es 3 Kilometer.
Meschendorfer Weg 3b | Tel (03 82 96) 7 84 80 | www.ostseecamp.de

AKTIVITÄTEN

Tauchen
Tauchkurse, Wracktauchen und mehr. Auch Kajak-Verleih. Auf dem Gelände des Ostseecamp Seeblick.
Apr.–Okt. | Tel (03 82 96) 7 05 51 | www.ostseebasis.eu

Lohnendes Ausflugsziel: Der Leuchtturm von Bastorf

Rerik

In und um Rerik gibt es keine Luxushotels, keine pompöse Bäderarchitektur, kein Gourmetrestaurant. Stattdessen viel unverbaute Ostseeküste, kleinere, von Gärten umgebene Häuser und ein paar Restaurants mit bodenständiger Küche.

Rerik will nicht mehr sein als es ist: eine ländliche Kleinstadt zwischen Ostsee und dem boddenähnlichen Salzhaff. Der wildromantische Strand unterhalb der Steilküste und die ländliche Umgebung machen Rerik zu einem beliebten Reiseziel für Familien und Ruhe suchende Urlauber. (Kite-)Surfer schätzen die Sport-Möglichkeiten auf dem Salzhaff.

Einst eine slawische Burg

Die Lage zwischen Ostsee und Salzhaff prägte seit jeher den Ort. Vor dem Meer geschützt durch die vorgelagerte Halbinsel Wustrow und mit einem natürlichen Hafen am Salzhaff versehen, wurde die Gegend um Rerik früh besiedelt.

Bis 1938 hieß Rerik *Alt Gaarz*. Der Name *Gaarz* kommt aus den Slawischen und bedeutet Burg. Erstmals urkundlich erwähnt wurde Alt Gaarz

Der Reriker Strand nahe der Seebrücke

1230. Die Burg, der Gaarz den Namen gab, wurde vermutlich durch ein Sturmhochwasser zerstört. Sie stand auf einem Burgwall, dem heutigen Schmiedeberg. Gaarz war im Mittelalter ein wohlhabendes Dorf mit mehreren Höfen, in dem neben der Landwirtschaft auch Fischfang betrieben wurde.

Der Badebetrieb begann in Alt Gaarz um 1900. Weiteren wirtschaftlichen Auftrieb bekam der Ort in den 1930er Jahren, als die Halbinsel Wustrow zum Militärstützpunkt ausgebaut wurde. In der Zeit des Nationalsozialismus sollte die slawische Vergangenheit vergessen gemacht werden. Deshalb wurde bei der Verleihung des Stadtrechts 1938 der Ort nach einer damals hier vermuteten ehemaligen Wikingersiedlung *(Reric)* in Rerik umbenannt. Die Siedlung der Wikinger befand sich jedoch, wie in den 1990er Jahren herausgefunden wurde, etwa 19 km südwestlich.

Nach 1945 wurde in Rerik das Erholungswesen der DDR gefördert. Es entstanden Betriebs- und Ferienheime sowie Zeltplätze. Rerik hatte ca. 36 000 Urlauber jährlich.

Heute hat Rerik 2200 Einwohner und etwa doppelt so viele Gästebetten. Die Fischerei spielt im Wirtschaftsleben der Stadt nur noch eine kleine Rolle, aber immerhin gibt es noch zehn hauptberufliche Fischer.

Viel hat sich seit der Wende in Rerik verändert, nicht jedoch die cha-

rakteristische Silhouette von der Meerseite aus: Dort thront wie seit eh und je die Villa Krone (▶ Seite 110) über dem Strand.

Sehenswertes

Im Vergleich zu den anderen Ostseebädern geht es in Rerik eher unspektakulär zu. Selbst die neue **Promenade am Haffplatz** gibt sich bescheiden: In der Mitte einige neu gebaute zweigeschossige Häuser mit Walmdach, in denen Gaststätten und Läden untergebracht sind. Davor Terrassen mit Blick aufs Salzhaff. Im kleinen Hafen am Haff schaukeln Fischer- und Segelboote auf dem Wasser.

Die Promenade liegt am Rand der schmalen Landzunge, die das Festland mit der Halbinsel Wustrow verbindet. Auf der Meerseite führt von hier die neue **Seebrücke** 170 Meter weit auf die Ostsee hinaus. Auch der kleine Aufstieg auf den 20 Meter hohen **Schmiedeberg** beginnt gleich an der Seebrücke. Dahinter zieht sich das Städtchen ostwärts den Hügel hinauf. Der alte Ortskern mit der **Kirche St. Johannes** liegt etwas erhöht, der Ostseestrand zieht sich unterhalb davon an einer Steilküste entlang.

Schmiedeberg

Von dem ehemaligen slawischen Burgwall hat man einen weiten Blick über Rerik, die Ostsee und das Salzhaff. Der Aufgang befindet sich nahe der Seebrücke.

Pfarrkirche St. Johannes

Der eindrucksvolle frühgotische Backsteinbau mit Feldsteinsockel wurde um 1270 errichtet. Die außergewöhnlich farbenprächtige Bemalung des Innenraums im Barockstil stammt aus dem Jahr der Renovierung 1668. Ebenfalls aus der Barockzeit stammen der Altar und die Kanzel. Sehenswert ist auch der Kirchturm mit seinem achtseitigen Spitzhelm. Der weithin sichtbare Turm hatte auch eine praktische Funktion: Er stellte für Schiffer und Fischer eine überlebenswichtige Landmarke dar. Wer die 96 Stufen des Kirchturms erklimmt, wird mit einem Rundumblick auf Rerik, das Salzhaff und die Ostsee belohnt.

Im Sommer tgl. 10–12 und 13–16.30 Uhr, im Winter seltener | Führungen Mo und Do 10–12, So ab 11 Uhr (nach dem Gottesdienst)

Villa Krone

Auf dem Hügel über dem Strand thront die historische Villa Krone, heute Bäckerei Graf. Das Gebäude ist vom Strand zwar unübersehbar, der Hauptzugang erfolgt jedoch über die Dünenstraße. Oben gibt es eine kleine Terrasse mit Spielplatz. Auch beginnt hier der schöne Fußweg entlang des Steilufers.

Am Schmiedeberg 1 | Tel (03 82 96) 7 83 01

Heimatmuseum und Kösterschün

In dem ehemaligen Schulgebäude erfährt man einiges über die Geschichte des kleinen Städtchens von der Steinzeit bis heute. Einen Schwerpunkt bilden alltägliche Gegenstände von Fischern und Bauern. In einer kleinen Galerie stellen einheimische Künstler ihre Werke aus.

Mitte Mai–Mitte Sep. Di, Mi, Fr 10–12 und 14–17 Uhr, Do 14–18 Uhr, Sa 14–17 Uhr, So 15–17 Uhr, im Winter reduzierte Öffnungszeiten | Dünenstraße 4

Ostseebad Rerik
Neu Gaarz
Garzer Hof
Ostsee
Salzhaff
Halbinsel Wustrow
Teufelsschlucht
Liebesschlucht
Seebrücke
Schmiedeberg
Bäckerei Graf (Villa Krone)
Heimatmuseum
Kurpark
Haffplatz
Kein Durchgang
Kröpeliner Str.
Neubukower Str.
John-Brinckman-Str.
Wustrower Str.
Dünenstr.
Meschendorfer Weg
Bastorfer Str.
Straße am Zeltplatz
Lessingstr.
Goethestr.
Schillerstr.
Luther-Str.
Kirch-Weg
Ostseeallee
Mittelallee
Kastanienallee
Leuchtturmstr.
Seestr.
Strandstr.
Parkweg
Am Parkplatz
Edeka
Friedensstr.
Heinrich-Heine-Str.
Prof. Hamann-Str.
Grüner Winkel
Birken-weg
Salzhaff-Weg
Maiglöckchen-weg
Haffstr.
Haffwinkel
N

Halbinsel Wustrow

Die Halbinsel am Ende der Reriker Landzunge wäre eine fantastische Sehenswürdigkeit, ein Naturparadies mit viel Geschichte – wenn man sie denn betreten dürfte. Denn wer auf der kaum befahrenen Straße von Rerik über die schmale Landzunge nach Wustrow fährt oder läuft, steht unvermittelt an einem Gitter. Daran hängt ein unscheinbares Schild mit eindeutiger Botschaft: „Betreten verboten!"

Seit vielen Jahren darf kein Besucher die Halbinsel mit der geschützten Natur und dem 100 Hektar großen, bebauten Teil der früheren Wohnsiedlung Rerik-West betreten. Und das kam so:

1933 wurde die Halbinsel von der Reichswehr gekauft. Hitlers Militär baute schließlich eine Flak-Artillerieschule mit ausgedehnten Kasernenanlagen für über 3000 Soldaten sowie diverse Übungsplätze. Eine ganze, für Zivilisten verbotene Stadt entstand, in der allerdings etliche Reriker Arbeit fanden. Nach Ausbruch des II. Weltkriegs wurde der Militärstandort zwischen 1943 und 1945 wiederholt bombardiert, es gab zahlreiche Opfer und große Zerstörungen.

Nach Ende des Krieges wurden die Anlagen von den sowjetischen Streitkräften übernommen, ein Teil wurde gesprengt. Die Halbinsel Wustrow blieb weiterhin Sperrgebiet. Nach dem Abzug der russischen Armee 1993 stand die „Verbotene Stadt" wieder leer. Die Halbinsel kam nun in den Besitz des Bundes. Zum Leidwesen der Reriker verkaufte der Bund das riesige Areal an einen Investor, die Fundus-Gruppe.

Fundus hatte auch schon das Grand Hotel in Heiligendamm entwickelt. Ähnliches hatte man mit dem Naturparadies der Halbinsel Wustrow vor: Entstehen sollte ein riesiges Luxus-Resort. Doch die Reriker machten den Projektentwicklern einen Strich durch die Rechnung. Man fürchtete den zusätzlichen Autoverkehr, und war auch sonst der Meinung, dass solch eine Luxushotelinsel nicht zu Rerik passte. Deshalb sperrte die Stadt kurzerhand die Zufahrt zum Gelände, die über die zu Rerik gehörende Landzunge führt.

Seitdem lässt auch die Fundus-Gruppe niemanden auf das Gelände – bis heute. Ein weiteres Problem sind auch die noch auf der Halbinsel lagernden Munitionsrückstände, die beseitigt werden müssten.

Einheimischen wie Touristen bleibt nur der Blick über den Zaum. Oder man nimmt an einer Schiffstour rund um die Halbinsel teil, bei der man viel Interessantes über Wustrow erfährt (► Seite 116).

Vom Kirchturm sieht man das Salzhaff, die Ostsee und die Halbinsel Wustrow

Dolmen

Rund um Rerik findet man acht steinzeitliche Großsteingräber aus slawischer Zeit. 3500–2900 v. Chr. entstanden die ersten der Kultstätten, volkstümlich auch „Hünengräber" genannt. Schwere Steinblöcke kennzeichnen die Grabstätten. Den Toten wurden ihre Waffen, Schmuck, Gefäße mit Nahrung als Beigaben ins Grab gelegt. Die älteste Stätte, Urdolmen genannt, liegt auf halbem Weg nach Meschendorf, unweit des Fahrweges. Weitere Großsteingräber liegen bei den Ortsteilen Neu-Garz, Garzer Hof, Mechelsdorf und Blengow. Die Kurverwaltung (▸ Seite 113) hält einen Lageplan bereit.

Strand

Der flach abfallende Sandstrand mit steinigen Abschnitten zieht sich kilometerlang unterhalb der Steilküste Richtung Meschendorf entlang. An einigen Stellen erweitert sich der schmale Strand zu kleinen Buchten, die Namen wie Liebesschlucht oder Teufelsschlucht tragen. Im Ortsbereich Strandkörbe und DLRG-Bewachung.

VERBINDUNGEN

Bahn/Bus: Die Bäderlinie 121 fährt alle 1-2 Stunden über Kühlungsborn, Heiligendamm und Bad Doberan nach Rostock. Außerdem mehrmals täglich Busse (Linie 105) nach Neubukow (Bahnanschlüsse in Richtung Rostock und Wismar) und Kröpelin (Linie 104).

Taxi: René Oguntke
Tel (03 82 96) 74 99 19 bzw.
(01 62) 2 32 54 15

INFORMATION

Kurverwaltung Ostseebad Rerik

Die freundlichen Mitarbeiter der Kur-

Blick vom Schmiedeberg auf die Ostsee

verwaltung helfen bei der Suche nach einer Unterkunft, geben Veranstaltungs- und Ausflugstipps und wissen fast alles über Rerik. Auch Stadtführungen werden in der Sommersaison angeboten

Dünenstraße 7a | 18230 Rerik | Tel (03 82 96) 7 84 29 | www.rerik.de

Stadtführung

Der Stadtführer und Küster Herr Köhler bietet Stadtführungen und Kirchenbesichtigungen an. Treffpunkt: Heimatmuseum.

Di um 17 Uhr (an anderen Tagen nach Vereinbarung) | Tel (01 75) 4 36 34 03

ÜBERNACHTEN

Hotel Am Alt Garzer Eck

Farbenfrohe DZ und Appartements, auch allergikergeeignete Zimmer. Mit Restaurant. Zum Strand 250 Meter.

Kröpeliner Straße 8 | Tel (03 82 96) 71 60 | www.hotel-rerik.de | €€

Hotel Zur Linde

1997 erbaut, ruhige Lage im Zentrum von Rerik, 5 Minuten Fußweg zum Strand, kleines Schwimmbad mit Poolbar, Sauna, Solarium, Fitnessraum. Mit Restaurant.

Leuchtturmstraße 7 | Tel (03 82 96) 7 91 00 | www.hotel-zur-linde-rerik.de | €€

Ferienwohnungen

FeWos findet man im Gastgeberverzeichnis der Kurverwaltung (▸ Seite 113) und über Webseiten wie die der lokalen Agenturen www.fewo-ostseebad-rerik.de und www.fewo-ostsee-online.de. Bei letzterem Anbieter haben wir die schöne, ruhig gelegene 3-Zi-Fewo *Haus am Meer* (85 € pro Tag in der HS) gefunden.

AWO Sano

Familienfreundliches, autofreies Feriendorf der AWO, schöne Lage am Salzhaff am Rand von Rerik. 75 Ap-

partements und Ferienhäuser. Für jedermann offen, Begünstigte wie z. B. Familien mit kleinem Einkommen zahlen weniger. Mit Schwimmbad.
Haffwinkel 18 | Tel (03 82 96) 72 27 02 22 | www.awosano.de | 2-Zimmer-Fewo in der Hauptsaison ab 408 Euro (Begünstigte 335 Euro), Meeresblick 660 Euro pro Woche

Residenz Meeresblick
Architektonisch interessant gestaltete Anlage gleich neben dem AWO-Sano-Feriendorf, schöne Lage am Salzhaff, insgesamt 4 Häuser mit 50 Wohnungen mit bis zu 4 Zimmern.
Haffwinkel 17D | Tel (03 82 96) 72 27 01 04 | www.residenz-meeresblick.de | 2-Zimmer-Appartement in der Hauptsaison ab 660 Euro

Camping

Campingpark Rerik
Ruhige Lage am Ortsrand Richtung Meschendorf, 500 Meter vom Meer.
Straße am Zeltplatz | Tel (03 82 96) 7 57 20 | www.campingpark-rerik.de

ESSEN & TRINKEN

Ristorante und Pizzeria Montalbano
Gute italienische Küche am Haffplatz, neben Pizza und Pasta auch Fleisch- und Fischgerichte zu moderaten Preisen. Im Sommer sitzt man schön auf der großen Terrasse mit Haffblick. Das Ristorante San Remo in der Strandstraße 1c wird von den gleichen Inhabern betrieben.
Haffplatz 2 | Tel (03 82 96) 7 55 95

Sansibar oder der letzte Grund

Der Roman „Sansibar oder der letzte Grund" von Alfred Andersch spielt in einer Hafenstadt namens Rerik. Dort treffen während der Zeit der Nazi-Herrschaft vier Menschen aufeinander, die aus verschiedenen Gründen aus Deutschland fliehen müssen: Eine Jüdin, ein kommunistischer Funktionär, ein Fischer und ein Pfarrer. Das Buch ist längst ein Klassiker der deutschen Nachkriegsliteratur und wird häufig in der Schule gelesen. Doch die Hafenstadt, die Alfred Andersch in seinem Roman beschreibt, hat außer dem Namen nichts mit Rerik gemein. Die Stadt im Roman ist eine mittelgroße, alte Stadt mit kleinen Gassen, einer großen Kirche und einem Überseehafen. Sie ähnelt viel mehr dem nahen Wismar mit seinem großen Seehafen. Rerik dagegen war auch früher nur eine kleine Landstadt mit einem Fischerhafen am Salzhaff. Der Romanautor hat sich also nur den Namen Rerik „ausgeliehen", um einen ganz anderen Ort zu beschreiben. Dieser Umstand hat allerdings die Reriker nicht davon abgehalten, ihr jährliches Kulturfestival „Sansibar" zu nennen. Bei den Kulturtagen im Oktober werden Theateraufführungen, Lesungen und Konzerte geboten (▸ Seite 25).

Steilküste
Traditionsreiche Gaststätte mit ostig-rustikalem Charme und den besten, frisch zubereiteten Fischgerichten in Rerik. Eingeschränkte Öffnungszeiten, im Sommer unbedingt reservieren.
Di–So (außerhalb der Saison Mi–So) 11.30–14 Uhr und ab 17.30 Uhr | Parkweg 10 | Tel (03 82 96) 7 83 86

Erlebnisräucherei Scheller
Hier kann jeder zuschauen, wie fangfrischer Fisch geräuchert wird. Außer der Erlebnisräucherei betreibt der Fischereibetrieb auch noch einen Fischladen in der Friedensstraße 22.
Apr. Mo und Fr, Mai–Okt. Mo, Mi, Fr, Nov.–Dez. Mo und Mi 16–20 Uhr | Zum Dolmen 3 | Tel (03 82 96) 7 84 92 | www.erlebnisraeucherei-scheller.de

Bi'n Luchtmaker
Leckere Waffeln und kleine saisonale Besonderheiten. In der Grünkohlzeit auch Grünkohl mit Dorsch.
An der Haffpromenade

EINKAUFEN

Am Ortausgang Richtung Kröpelin gibt es neben dem **Edeka-Markt** (Am Parkplatz 10, in der Saison auch sonntags geöffnet) eine Apotheke, eine Volksbank-Filiale und weitere Läden.
Beim kleineren **Markant-Supermarkt** in der Kröpeliner Straße 5 kann man auch sonntags frische Brötchen holen.
Unten am Haffplatz bieten Läden für touristischen Bedarf ihre Waren an.

AKTIVITÄTEN

Fahrradverleih

Zweiradcenter am Haff
Relativ neue Fahrräder verschiedener Typen, Fahrradanhänger und Dinos (das sind vierrädrige Tretfahrzeuge für 2-4 Personen) nahe der Haffpromenade.
Am Haff 2 | Tel (03 82 96) 7 47 31 | www.zweiradcenter-rerik.de

Zweiradhaus Drygalla
Fahrradverleih am Einkaufszentrum.
Mo–Fr 9–18, Sa 9–13 Uhr, sonntags nur bei gutem Wetter | Am Parkplatz 7c | Tel (03 82 96) 7 84 42 | www.rerikrad.de.vu

Schiffsausflüge

Salzhaff
Rundfahrten auf dem Salzhaff mit *MS Ostseebad Rerik*: Juli, August 3 x täglich, Juni, Sep., Okt. 2 x tgl., April, Mai 1 x tgl., Nov.–März: Di, Do, Sa

Halbinsel Wustrow
Im Sommer Mo und Do 15 geführte Schiffstour rund um die Halbinsel Wustrow.

Insel Poel
Im Juli und August fährt die *MS Salzhaff* immer dienstags über Pepelow und Boiensdorf nach Gollwitz auf der Insel Poel.

Segeln & Surfen

Segelschule Torsten Chudzik
Segelkurse für Anfänger- und Fortgeschrittene, auch Schnupperkurse.
Haffplatz 7 | Tel (01 62) 2 16 24 66 | www.segelschule-rerik.de

KiteSurfen
Einsteiger- und Fortgeschrittenen-Kurse, Schnupperkurse, ideales Übungsgebiet ist das Salzhaff.
Kranni's Kite Schule | Am Hafen | Tel (01 76) 22 39 26 05 | www.kranni.de

Surfschule Rerik
Kurse für Kinder und Erwachsene, gesurft wird auf dem Salzhaff.
Von Juni–Aug. | Am Haff | Tel (01 73) 2 43 25 01 | www.surfschule-rerik.de

Schwimmbäder

Kleine Schwimmbäder, die auch für Tagesbesucher ihre Türen öffnen, gibt es auch in Rerik.
So kann man im *AWO Sano* Feriendorf (▶ Seite 114) täglich ins Wasser springen. Das Hotel *Zur Linde* (▶ Seite 114) stellt ebenfalls sein Schwimmbad und die Sauna gegen Gebühr für externe Gäste zur Verfügung.

Salzhaff

Das Salzhaff ist ein flacher, boddenartiger Meeresarm zwischen der Halbinsel Wustrow und dem Binnenland. Das Haff wird aufgrund regelmäßiger Überflutungen durch die Ostsee mit Salzwasser versorgt – daher der Name. Die Küstenlandschaft am Salzhaff hat einen ganz eigenen, spröden Charme. Die Ufer sind geprägt von Salzwiesen und Dünen. Die Salzwiesen sind durch Überschwemmungen und jahrhundertelange Beweidung entstanden. Für Küstenvögel sind die Schilfgürtel ein ideales Brut- und Nahrungsgebiet.

Neben dem Hauptort Rerik gibt es nur kleine Dörfer und Weiler am **Salzhaff.** Badestellen gibt es außer in Rerik bei **Tessmannsdorf, Klein Strömkendorf** und am **Boiensdorfer Werder.** Sehenswert ist das Dorf Stove mit seiner intakten Holländermühle und einem Dorfmuseum.

Steinzeitliches Hügelgrab nahe der Straße nach Meschendorf

Entdeckertouren

Tour 1: Strandwanderung von Warnemünde nach Markgrafenheide

▸ **TOURDATEN**

Karte: ▸ Seite 122–123

Charakteristik: Leichte Strandwanderung und Spaziergang

Strecke: Warnemünde, Fähre – Hohe Düne – Markgrafenheide

Entfernung: 13 km (hin und zurück)

Dauer: etwa 4 Stunden

Rückfahrt alternativ: Mit dem Bus bis Hohe Düne oder mit dem Schiff MS Schnatermann nach Warnemünde (Abfahrt in der Saison tgl. außer Mo und Fr ab Markgrafenheide 10, 13 und 16 Uhr, im Juli und Aug. auch Mo und Fr)

Einkehrtipp: Strandoase (▸ Seite 59) oder Restaurant im Dünenhotel (▸ Seite 58)

Auf dieser Wanderung lernt man schöne Strandabschnitte, das idyllisch gelegene kleine Seebad Markgrafenheide und das Waldgebiet der Rostocker Heide kennen.

Von Warnemünde geht es zunächst mit der Fähre hinüber nach **Hohe Düne** (▸ Seite 56). Dort angekommen, folgt man den Hinweisen zum Yachthafen und gelangt bald linker Hand zum Strand. Dieser ist ebenso weiß und feinsandig wie der von Warnemünde – aber weniger stark frequentiert. Der Strand macht einen leichten Bogen nach Norden, bald bieten sich schöne Ausblicke auf Warnemünde.

Nach knapp 4 Kilometern ist der Ortsbereich von **Markgrafenheide** erreicht – hier wird die Küstenlandschaft vielfältiger, denn der Mischwald der Rostocker Heide reicht bis zu den Stranddünen an die Ostsee heran. Von Markgrafenheide (▸ Seite 58) sieht man zunächst nicht viel, denn das kleine Ostseebad versteckt sich fast vollständig unter den hohen Wipfeln der Bäume. Bald ist die *Strandoase* erreicht, ein kultiger Strandkiosk an einem besonders schönen Strandabschnitt. Fast wähnt man sich in der Karibik, so weiß sind der Sand und die Dünen dahinter. Tolle Cocktails machen das exotische Strandgefühl vollkommen.

Hinter der Dünenbepflanzung verläuft parallel zum Strand ein Fußweg. Von den Bänken dort genießt man einen weiten Blick aufs Meer. Der Platz ist auch ideal für den perfekten Sonnenuntergang.

Landeinwärts findet man gleich in der Nähe das *Dünenhotel* mit Restaurant. Gegenüber gibt es einen Laden mit Imbiss. Weiter am Strand entlanggelaufen, weicht beim letzten Strandaufgang im Ortsbereich der Wald wieder von der Küste zurück. Hier reicht das Naturschutzgebiet *Heiligensee und Hütelmoor,* ein Feuchtgebiet, in dem seltene Vögel brüten, bis

Prachtvolle Ausblicke von Markgrafenheide auf die Warnemünder „Skyline"

fast an die Küste. Der Strand ist in diesem Abschnitt weniger besucht und wildromantisch. Wenn man noch 3 Kilometer am Strand weitergehen würde, würde man zum *Rosenort* gelangen, wo vom Wind zerzauste Bäume den Strand säumen.

Wir aber verlassen den Strand am Beginn des Naturschutzgebiets *Heiligensee und Hütelmoor* und nehmen den Budentannenweg landeinwärts. Vorbei am großen Campingplatz und dem ehemaligen Forstfuhrmannshof kommt man nach gut 1 Kilometer an die Warnemünder Straße, die Hauptstraße von Markgrafenheide. Diese überquert, steht man bald am **Moorgraben,** einen Kanal, der zum Abtransport von Holz aus der Rostocker Heide genutzt wurde. Mit etwas Glück – oder guter Zeitplanung – wartet hier schon die *MS Schnatermann.* Das Boot fährt durch herrliche Wald- und Moorlandschaft zunächst zum *Gasthaus Schnatermann* (▸ Seite 60) und weiter über den Breitling bis zum Alten Strom nach Warnemünde.

Wer zurück nach Warnemünde wandern möchte, nimmt die Warnemünder Straße Richtung Westen und biegt an der zweiten Abzweigung wieder rechts Richtung Strand ab.

Rostock–Gedser
Rostock–Trelleborg
Rostock–Helsinki
…nburger Bucht
Warnemünde–Kühlungsborn
Westmole
Ostmo…
Teepott
Leuchtturm
Yach… hafe…
Warnemünde
Neuer Strom
Tour 1 Start
H.-Heine-Str.
Fischmarkt
Auto-fähre
Parkstr.
Vogtei
Alter Strom
Cruise Center
R.-Wagner-Str.
F.-Reuter-Str.
Am Passagierkai
Rostocker Str.
Diedrichshagener Moor
An der Stadtautobahn
Werft Warnemünde
Diedrichshagen

Ostsee
Warnemünde–Graal-Müritz
Strandoase
Dünenhotel
Budentannenweg
Markgrafen-
heide
Warnemünder Str.
Radelsee
Hohe
Düne
Hohe Düne
Moorgraben
Marinestützpunkt
Schnatermann
Warnemünde (Alter Strom)–Markgrafenheide
Breitling

Tour 2: Radtour von Warnemünde zur Weißen Stadt am Meer

▸ TOURDATEN

Charakteristik: Leichte Radtour auf dem Ostseeküstenradweg

Strecke: Warnemünde, Kirchenplatz – Stoltera – Nienhagen – Börgerende – Heiligendamm

Entfernung: ca. 32 km (hin und zurück), Verlängerungsmöglichkeit nach Kühlungsborn (plus 7 km einfach)

Dauer: etwa 4 Stunden

Orientierung: Der Weg ist durchgängig mit dem Symbol des Ostseeküstenradwegs markiert

Immer wieder bildschöne Ausblicke aufs Meer bietet diese abwechslungsreiche Radtour von Warnemünde nach Heiligendamm. Dabei durchquert man auch den berühmten Gespensterwald bei Nienhagen.

Start ist der Kirchenplatz in Warnemünde. Über die Mühlenstraße geht es zunächst immer geradeaus Richtung Westen. Dabei kommt man rechter Hand bald am Stephan-Jantzen-Park vorbei. Am Ortsende von Warnemünde, wo die Straße leicht nach links abknickt, biegen wir halbrechts auf einen Fahrweg ab (Markierung: Ostseeküstenradweg).

Ab jetzt geht es komplett autofrei bis nach Heiligendamm. Der Teer-/

Feinschotterweg führt bald durch den herrlichen Küsten(Misch-)wald. Immer wieder gibt es schöne Aussichtsplätze am Meer, wie nach ca. 3 Kilometern beim Restaurant **Wilhelmshöhe** an der wilden, steinigen Kliffküste des Naturschutzgebietes **Stoltera.** Am eigentlichen Kap Stoltera, an dem die Küste leicht nach Süden abknickt, ist die Steilküste am beeindruckendsten.

Hier ist auch die Chance groß, am steinigen Strand **Fossilien** zu finden. Mit etwas Glück können Schatzsucher hier Hühnergötter (Feuersteine mit einem Loch), Donnerkeile (versteinerte Reste von ausgestorbenen Kopffüßlern) und vielleicht sogar Bernstein-Stücke finden. Bernstein, das rötlich transparente Harz, ist gut 40 Millionen Jahre alt.

Der Weg führt weiter oberhalb der Kliffküste, bis er kurz vor **Nienhagen** leicht nach links abknickt. Hinter den ersten Häusern von Nienhagen (► Seite 63) macht der Radweg am Ende wieder eine leichte Rechtskurve, und man steht unvermittelt auf dem Kurplatz des kleinen Ostseebades. Dieser bildet auch das Zentrum. Von hier hat man einen schönen Blick hinunter auf den Strand, der malerisch unterhalb des Kliffs liegt.

Die folgenden 50 Meter ab dem Kurplatz sollte man sein Rad schieben. Denn wer mit dem Fahrrad die kleine Aussichtspromenade befahre, sei ein dummer Zeitgenosse, verkünden Schilder am Geländer.

Auf jeden Fall liegt am westlichen Ende der Promenade die Hauptattraktion von Nienhagen, der geheimnisumwobene **Gespensterwald** (► Seite 63). Hier darf man sich wieder auf den Drahtesel schwingen, um auf kurvigen, nicht befestigten Wegen dieses Wunderwerk der Natur zu bestaunen und zu durchqueren.

Wo der Gespensterwald endet, führt der Ostseeküstenradweg bald wieder auf einem befestigten

Weg entlang der Küste. Man durchquert die Strandseite von Börgerende (▸ Seite 66) und fährt kurz darauf auf einem Damm, dem Heiligen Damm. Schon ist auch das Ziel der Tour in Sicht, geradeaus glänzen die Gebäude der *Weißen Stadt* von **Heiligendamm** (▸ Seite 84). Vorher hat man aber noch Gelegenheit, an der **Jennitz-Schleuse** landeinwärts einen Blick auf den **Conventer See** (▸ Seite 68) zu werfen. Der Conventer ist ein Strandsee, der unter Naturschutz steht. Betreten darf man den Bereich direkt am See nicht, um die Vegetation und die Brut- und Rastgebiete seltener Vögel nicht zu gefährden.

Auf oder neben dem Damm geht es nun schnurgerade bis zur Strandpromenade von Heiligendamm.

Hier heißt es Fahrrad abstellen, denn auf der Strandpromenade ist Radfahren nicht erlaubt. Auf der Promenade wird man dann mit schönen Ausblicken belohnt. Rechts die Ostsee mit der Seebrücke von Heiligendamm, links kommt bald die „Perlenkette" ins Blickfeld: Sieben klassizistische Villen, die zwar noch auf ihre Wiederherstellung warten, trotzdem aber eine Ahnung der ehemaligen Pracht vermitteln. Gleich nach der siebten Villa wird es dann wirklich prunkvoll: In strahlendem Weiß erheben sich die herrschaftlichen Gebäude des *Grand Hotels* hinter der Promenade.

Wer nun die Landseite von Heiligendamm inspizieren oder Richtung Kühlungsborn weiterradeln möchte, folgt den Hinweisen Richtung **Molli-Bahnhof.** In letzterem befindet sich auch das empfehlenswerte Restaurant Herzoglicher Wartesaal (▸ Seite 87). In Richtung Kühlungsborn folgt man den Hinweisen Richtung **Kinderstrand.**

Von hier hat man den besten Blick auf die Weiße Stadt: Seebrücke in Heiligendamm

Tour 3: Radtour rund um das Glashäger Quellental

▸ *TOURDATEN*

Karte: ▸ Seite 128

Charakteristik: Radrundtour auf geteerten Wegen und kaum befahrenen Landstraßen mit leichten bis mittleren Steigungen

Strecke: Bad Doberan – Althof – Glashäger Quellental – Retschow – Stülow – Bad Doberan

Entfernung: ca. 22 km (plus ca. 2 km Spaziergang durch das Glashäger Tal)

Dauer: 4-5 Stunden, Spaziergang im Glashäger Tal: 30 Minuten

Einkehrtipp: Ausflugsgaststätte *Quellental* am Glashäger Quellental

Diese Tour führt zu kulturellen und landschaftlichen Highlights südlich von Bad Doberan. In Althof besichtigt man die Ruine des Vorgängerklosters von Bad Doberan, im Glashäger Tal spaziert man durch das lauschige Quellental, im idyllischen Dorf Retschow sieht man einen Denkmalhof und in Glashagen kann man die Werkstätten von Glasbläsern und Töpfern besuchen.

Vom **Alexandrinenplatz** im Zentrum Bad Doberans fährt man 200 Meter die Rostocker Straße entlang, um dann nach rechts in die Friedrich-Franz-Straße abzubiegen. Nach weiteren 200 Metern biegen wir halblinks in die Clara-Zetkin-Straße ein und erreichen nach gut 3 Kilometern den Doberaner Stadtteil **Althof.** Fast schon am Ortsende zweigt links eine Straße ab, die am Dorfteich vorbei zum Dorfplatz führt. Links davon steht die **Ruine des Klosters von Althof.** Das 1171 eröffnete Kloster war das erste Zisterzienserkloster in Mecklenburg. Es wurde schon 1179 bei einem Aufstand verwüstet. Alle 78 Einwohner, darunter auch alle Mönche, wurden umgebracht. Übrig geblieben sind die Reste der alten Klosterscheune. Wenige Jahre nach der Zerstörung errichteten die Zisterzienser ihr neues Kloster in Doberan.

Fährt man den Weg hinter dem Dorfplatz weiter Richtung Osten, gelangt man bald zu einer anmutigen Kapelle, die etwas abgelegen auf einer Wiese am Waldrand steht. Die Ursprünge der **Kapelle in Althof** liegen im 14. Jahrhundert. Ihre heutige Gestalt erhielt sie 1888.

Zurück auf dem Hauptfahrweg von Althof geht es weiter Richtung Hohenfelde, das getreu seines Namens tatsächlich auf einem hohen Feld liegt, wie wir an der Steigung der Straße merken können. Nach Überqueren der Landstraße geht es in **Hohenfelde** bald rechts, den Weg-

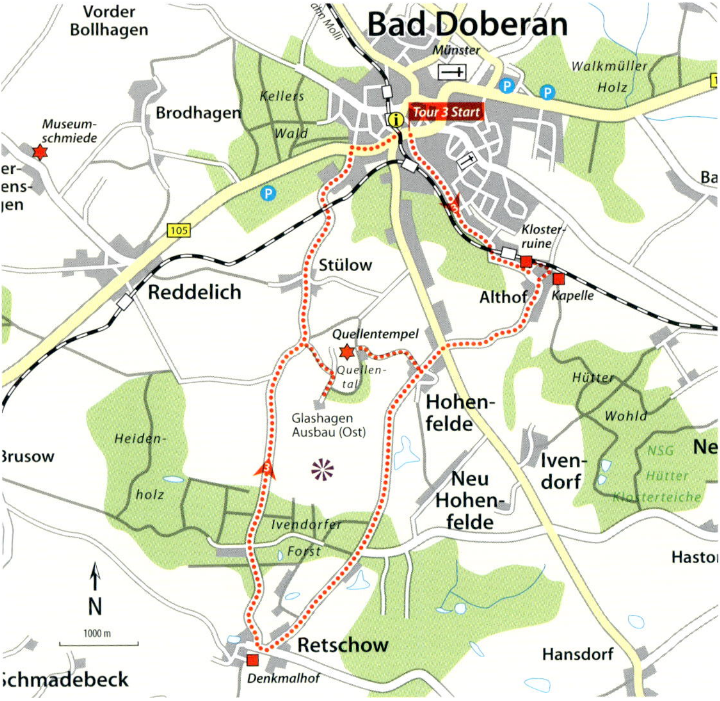

weisern zum Quellental folgend.

Durch eine bildschöne Hügellandschaft rollen wir auf das **Glashäger Quellental** zu. Wo die Straße endet, beginnt ein ganz von einem Wäldchen umschlungenes Bachtal. Am Parkplatz vor dem Gasthaus kann man sein Rad abstellen.

Von hier aus führen zwei Wege, die eher Pfade sind, in das Tal. Der Pfad rechts am Parkplatz führt über einen Bogen schnell hinunter ins Bachtal und weiter zum klassizistischen **Brunnentempel.** Dieser erinnert daran, dass seit 1908 das vorzüglich schmeckende Mineralwasser des Tals als Tafelwasser genutzt wird. Auch heute noch gehört Glashäger zu den beliebtesten Mineralwassern in Mecklenburg.

An den Hängen des tief eingeschnittenen Bachtals wachsen prächtige Rotbuchen, Eschen, Birken, Fichten und Schwarzerlen. Auf dem schattigen Waldboden gedeihen interessante Pflanzen wie der Aronstab und die Wiesenprimel. Auf verschlungenen Wegen kann man das Quellental durchwandern.

Wer wieder herausgefunden hat, kann sich in der Ausflugsgaststätte *Quellental* (Di–Fr 12–21, Sa 11–22, So 11–21 Uhr) stärken. Und dann den Weg zurück über Hohenfelde (Steigung) ins 8 Kilomenter entfernte **Retschow** fortsetzen (weitere Steigung). Dort erwartet einen nicht nur eine idyllische Dorfanlage inmitten schöner Landschaft, sondern auch ein Denkmalhof. Der **Denkmalhof Pentzin,** ein 1787 erbautes Niederdeutsches Hallenhaus mit Reetdach, öffnet Mo und Di 13–18 Uhr sowie Sa von 13–17 Uhr seine Tore für Besucher. In mehreren Räumen werden Alltagsgegenstände, Werkzeuge und Ackergeräte gezeigt.

Von Retschow geht es auf der kaum befahrenen Landstraße über Stülow nach Bad Doberan. Auf dem Weg dorthin lohnt sich ein Abstecher nach **Glashagen Ausbau.** Dort bieten eine **Glasbläserei** (Mo–Sa) und eine Töpferei (tgl. von 13–18 Uhr) Einblicke in ihre handwerkliche Kunst. In der **Töpferei** gibt es auch ein kleines Teehaus, das täglich außer Mo und Di geöffnet hat.

Zurück auf der ruhigen Landstraße geht es nun mit einigen Kurven hügelabwärts – schnell ist man unten in Bad Doberan.

Tour 4: Der schönste Weg von Kühlungsborn nach Bad Doberan

▸ TOURDATEN

Karte: ▸ Seite 131

Charakteristik: Leichte Radtour auf überwiegend guten Wegen abseits der Straße

Strecke: Kühlungsborn Ost – Klein Bollhagen – Hinter Bollhagen – Vorder Bollhagen – Bad Doberan – Heiligendamm – Kühlungsborn Ost

Entfernung: ca. 26 km (hin und zurück)

Dauer: etwa 4-5 Stunden (mit Besichtigung des Münsters und des Klostergartens in Bad Doberan plus 1-2 Stunden)

Tipp: Rückfahrt mit dem *Molli*

Diese Tour führt auf dem landschaftlich reizvollsten Weg von Kühlungsborn nach Bad Doberan. Am Wegesrand liegen kleine schmucke Dörfer, man durchquert anmutige Felder, Wiesen und Wälder, die man sonst nie kennenlernen würde. Auf dem Rückweg geht es am Rand des Naturschutzgebietes Conventer See über Heiligendamm nach Kühlungsborn.

An der Seebrücke in Kühlungsborn nehmen wir den Radweg Richtung Heiligendamm, verlassen diesen aber gleich hinter dem Bootshafen, indem wir dem Schild *Reiterhof* über die Bahnschienen folgen. Achtung: Die nächsten 1000 Meter verlaufen durch eine bildschöne Landschaft auf einem Feldweg, der etwas holprig, aber bei Trockenheit gut zu befahren ist.

Hinter dem Reiterhof fährt man weiter geradeaus und hat einen weiten Blick auf Felder, Küstenwald und die Kühlung. Am Ende dieser Etappe gelangt man in das schmucke Dorf **Klein Bollhagen.** Es besteht zum Großteil aus schön renovierten oder neu gebauten Häusern mit Reetdach und liegt idyllisch und ruhig in sanft gewellter Landschaft – eine Augenweide.

Weiter geht es nach **Hinter Bollhagen.** Von dort verläuft unser Weg ca. 1 Kilometer parallel zur Landstraße. Doch schon nach dem nächsten Verkehrskreisel zweigen wir wieder vom Hauptradweg nach rechts ab, um auf einem fein geschotterten Fahrweg abseits des Verkehrs nach **Vorder Bollhagen** zu fahren. Nachdem wir schließlich alle drei Bollhagendörfer durchquert haben, geht es weiter geradeaus nach **Bad Doberan** (▸ Seite 70), das wir nach dem Durchqueren von Kellers Wald erreichen. Über die Straße *Neue Reihe* gelangen wir direkt zum Marktplatz. Zur **Mollistraße,** zum **Kamp** und zum **Münster** ist es von hier aus nur ein Katzensprung.

Für die Rückfahrt empfiehlt sich, sofern man nicht den *Molli* nimmt, die schöne Strecke über die Conventer Niederung. Dazu fährt man auf der Mollistraße stadtauswärts bis zur **Lindenallee** und von dort auf dem Fahrradweg parallel der Allee. An der Stelle, wo der Radweg auf die linke Seite der Allee wechselt, folgen wir nicht dem Radweg, sondern bleiben auf dem Streifen rechts der Fahrbahn. An der Einmündung der Umgehungsstraße fahren wir in diese ein kleines Stück rechts hinein, um dann gleich wieder links in den Waldweg einzubiegen.

Hier durchqueren wir den **Großen Wohld,** der einst Teil des großen Küstenwaldes war. Wo der Wald endet, biegen wir gleich links ab. Der Weg wird links vom Großen Wohld, rechts von Wiesen und Weiden gesäumt. In Küstennähe schließlich biegt der Weg nach rechts ab und führt zur Jennitz-Schleuse, die schon fast am Ostseestrand liegt. Zuvor kann man noch einen Blick auf den nicht zugänglichen **Conventer See** (▸ Seite 68) werfen.

Über den Radweg am Heiligen Damm geht es nun zur *Weißen Stadt am Meer* in **Heiligendamm** (▸ Seite 84), die man schon von weitem sieht. Dort angelangt, heißt es an der Promenade erst einmal Fahrrad abstellen, wenn man sich die prächtigen Gebäude von nahem ansehen will.

Für die Weiterfahrt nach Kühlungsborn folgt man den Hinweisen zum Molli-Bahnhof und dann Richtung Kühlungsborn. Dabei wird die Straße im Ortsbereich Heiligendamm zweimal überquert. Kurz vor dem Bahnübergang zweigt bei der Median-Klinik von der Kühlungsborner Straße der Weg Richtung Kinderstrand ab.

Quer durch den Wald fährt man zunächst auf einem breiten Weg bis zum schönen Strandabschnitt **Kinderstrand.** Hier gibt es auch das Bistro-Restaurant *Deck Heiligendamm* mit toller Meerblick-Terrasse (▸ Seite 87). Dahinter macht der Radweg einen Bogen erst landein-, dann seewärts. Danach verläuft er schnurgerade oberhalb der Steilküste bis nach Kühlungsborn, wobei man immer wieder schöne Ausblicke aufs Meer hat.

N
1000 m
Kühlungsborn
Tour 4 Start
Kühlungsborn Ost
Bäderbahn Molli
Klein Bollhagen
Hinter Bollhagen
Kinder-strand
Heiligendamm
Jennitz-Schleuse
Conventer See
NSG Doberaner Wiesen
Börger-ende
Großer Wohld
Pferde-rennbahn
Bad Doberan
Münster
Kellers Wald
Brodhagen
Vorder Bollhagen
Museum-schmiede
Ober-steffens-hagen
Nieder-steffens-hagen
Golf- und Landesresort
Wittenbeck
Kühlung
Jenne-
Diedrichs-hagen
Diedrichs-hagener Berg
Cubanze
Holz
Kirche

Tour 5: Rund um die Kühlung

▶ *TOURDATEN*

Charakteristik: Radrundtour mit mittleren Steigungen auf Radwegen, guten Waldwegen und Fahrwegen

Strecke: Kühlungsborn (Seebrücke) – Strandstraße – Schlossstraße – Wichmannsdorf – Diedrichshagen – Jennewitz – Steffenshagen – Brodhagen – Vorder Bollhagen – Hinter Bollhagen – Klein Bollhagen – Steilküste – Kühlungsborn

Entfernung: ca. 28 km

Dauer: 4-5 Stunden

Tipp: Kaum Einkehrmöglichkeiten, deshalb Proviant mitnehmen oder einen Abstecher nach Bad Doberan einkalkulieren (plus 4 Kilometer)

Bei dieser schönen Radrundtour lernt man die Kühlung aus allen vier Himmelsrichtungen kennen. Dabei kann man auch den höchsten Punkt der Hügelkette erklimmen (mit oder ohne Fahrrad). Die Route ist so gewählt, dass die Anstiege noch moderat sind.

Start ist in Kühlungsborn an der Seebrücke. Über die quirlige Strandstraße fahren wir immer geradeaus in Richtung Süden. Am Ortsende heißt die Straße dann Schlossstraße, ein (zunächst schmaler) Radweg führt auf der linken Seite entlang. Dabei kommt man links an der fast 800 Jahre alten **St.-Johannis-Kirche** (▶ Seite 94) vorbei. Auf der rechten Straßenseite der Schlossstraße stehen noch einige Niederdeutsche Bauernhäuser.

Etwa 1 Kilometer nach dem Passieren der alten Kirche biegen wir halbrechts in den breiten Weg ab, der Richtung Wichmannsdorf führt. Dieser steigt leicht bergan, durchquert auf seinem höchsten Punkt einen Wald und bietet bald schöne Ausblicke auf Felder und Wiesen in der Kühlung. Bald ist das Dörfchen **Wichmannsdorf** erreicht, das auf einer Höhe von knapp 90 Metern ruhig und abgeschieden daliegt.

An der Kreuzung fahren wir links und passieren bald den Dorfteich und die Bushaltestelle. Auf dem Weg Richtung Diedrichshagen dann noch eine Überraschung: Am Rand von Wichmannsdorf steht ein weißes Schloss. Besichtigen kann man es nicht, aber drin feiern und wohnen: Veranstaltungsräume und luxuriöse Ferienwohnungen werden angeboten (Tel (03 82 92) 82 18 90, www.schloss-wichmannsdorf.de).

Über einen Teerweg ist man rasch in **Diedrichshagen** (wir bleiben auf der Höhe von knapp 100 Metern). Das langgezogene Dorf liegt am Südrand der Kühlung. Bekannt ist es vor allem durch den **Diedrichshagener Berg,** der höchsten Erhebung in der Kühlung. Zu dem Berg führt ein unscheinbarer Betonplattenweg hinauf, an der Ecke, an der die Dorfstraße nach rechts in Richtung Jennewitz

Heiligendamm
Kinderstrand
Bäderbahn Molli
Klein Bollhagen
Hinter Bollhagen
Vorder Bollhagen
Brodhagen
Museumsschmiede
Obersteffenshagen
Niedersteffenshagen
Jennewitz
Kühlung
Wittenbeck
Golf- und Landesresort
Kühlungsborn Ost
St.-Johannis-Kirche
Tour 5 Start
Wichmannsdorf
Wichmannsdorfer Holz
Cubanze
Diedrichshagener Berg
Diedrichshagen
Bastorfer Holm
Bastorf
Großer Wohld
Pferderennbahn
NSG
105
1000 m
N

In der Kühlung bei Wichmannsdorf

abzweigt. Weniger sportlichen Radfahrern sei empfohlen, die Räder hier stehen zu lassen und den Anstieg auf den 130 Meter hohen Berg zu Fuß zu bewerkstelligen. Die Erhebung selbst liegt am Waldrand, ist mit zwei Sendemasten bestückt und bietet einen kleinen Rastplatz mit weitem Blick auf die Felder, Wiesen und Dörfer am Fuß der Kühlung.

Wieder unten, fahren wir weiter nach **Jennewitz,** das wir geradewegs durchqueren. Nach etwa 1,5 Kilometer biegen wir links in die wenig befahrene Landstraße Richtung **Steffenshagen** ein, das nach weiteren 2 Kilometern erreicht ist.

Dort fällt linker Hand die **Backsteinhallenkirche** aus dem 13. Jahrhundert auf. In dieser Zeit wurde der Ort von deutschen Kolonisten gegründet, die Kirche war Patronatskirche des Doberaner Abtes. Zweite Sehenswürdigkeit an der Dorfstraße von Steffenshagen ist der **Museumshof,** ein Denkmalhof um eine 200 Jahre alte Bockwindmühle mit historischen Werkstätten (Backhaus, Schmiede, Tischlerei). Die Windmühle wurde aus dem sachsen-anhaltischen Buschkuhnsdorf umgesetzt und 1998 in Steffenshagen aufgebaut (Dorfstraße 3d, Besichtigung nach Vereinbarung, Tel (03 82 03) 1 64 75).

Am Ortsende von Steffenshagen biegen wir links ab auf den geteerten Fahrweg Richtung **Brodhagen.** Der Weg hat bald ein merkliches Gefälle, denn wir verlassen die Ausläufer der Kühlung. In dem hübschen Dorf Brodhagen mit Reetdachhäusern folgen wir links der Radweg-Ausschilderung.

Nach weiteren 1,5 Kilometern gelangt man an den breiten Weg, der Vorder Bollhagen mit **Bad Doberan** (▸ Seite 70) verbindet. Wer jetzt vielleicht in einem der zahlreichen Lokale in Bad Doberan einkehren oder gar für die Rückfahrt den *Molli* nehmen möchte, der fährt hier rechts und kommt nach 2 Kilometern am Marktplatz in Bad Doberan an.

Direkt nach Kühlungsborn fährt man links. Über **Vorder Bollhagen** und **Hinter Bollhagen** gelangt man zum hübschen Dorf **Klein Bollhagen.** Auf dem Weg dorthin hat man immer wieder schöne Ausblicke auf die Kühlung. In Klein Bollhagen biegen wir rechts in Richtung **Steilküste** ab. Nach Überqueren der Bahn-Gleise gelangt man zum lauschigen Ostseestrand unterhalb der Kliffküste. Auf dem Ostseeradweg ist man von hier aus nach 2,5 Kilometern wieder in Kühlungsborn.

Tour 6: Wanderung von Kühlungsborn in die Kühlung

▶ *TOURDATEN*

Karte: ▶ Seite 137

Charakteristik: Wanderung mit leichten bis mittleren Steigungen

Strecke: Kühlungsborn (Strandstraße) – Schlossstraße – Diedrichshager Berg – Wichmannsdorfer Holz – (oder Wichmannsdorf – Bastorf – Bastorfer Leuchtturm – Kühlungsborn West –) Kühlungsborn Ost

Entfernung: 12 km (Rückweg über Bastorf: plus 15 Kilometer)

Dauer: etwa 3,5 Stunden (Mit Bastorf: 7,5 Stunden)

Diese Wanderung führt in die Kühlung und zum Diedrichshagener Berg. Auf dem Rückweg wandert man durch dichten Wald und lernt den Bach Cubanze kennen. Die Wanderung ist sowohl als Halbtagestour wie auch mit Verlängerung über Bastorf als Ganztagestour konzipiert. Bei der langen Variante durchstreift man die Kühlung fast vollständig von Ost nach West.

Von der Seebrücke spaziert man gen Süden durch die geschäftige **Strandstraße.** Vorbei an Bädervillen führt die Straße Richtung Ortsausgang. Nach dem Überqueren der Bahnschienen heißt die Straße **Schlossstraße,** ein Fußgängerweg führt auf der linken Seite entlang. Dabei kommt man linker Hand an der fast 800 Jahre alten **St.-Johannis-Kirche** (▶ Seite 94) vorbei. Auf der rechten Seite der Schlossstraße kann man noch mehr oder weniger erhaltene Niederdeutsche Hallenhäuser sehen.

Allmählich geht es hügelaufwärts, dabei wird der Bürgersteig bald zu einem breiteren Rad- und Fußgängerweg. Etwa 1,5 Kilometer nach dem Passieren der Kirche biegen wir am letzten Gehöft vor der Kühlung halbrechts in einen Weg ein, der mitten durch die Kühlung und zum **Diedrichshagener Berg** führt. Ab jetzt geht es bergauf durch dichten Mischwald. Schon etwa 1,5 Kilometer nach dem Eintreten in den Wald lichtet sich dieser wieder und gibt einen weiten Blick auf die Ebene südlich der Kühlung frei. Hier ist das erste Etappenziel, der Diedrichshagener Berg, erreicht. Diese höchste Erhebung der Kühlung misst 130 Meter. Ein kleiner Rastplatz mit weitem Blick auf Felder, Wiesen und Dörfer lädt zur Pause ein.

Für den Rückweg nehmen wir zunächst den gleichen Weg zurück waldeinwärts Richtung Norden, biegen aber nach ca. 400 Metern links ab. Auf diesem Weg, der einige Schlenker macht, bleiben wir ca. 1,5 Kilometer, und stoßen schließlich auf die **Cubanze,** einen Bach der sich von der Kühlung hinunter nach Kühlungsborn schlängelt. Wir überqueren die Cubanze und halten uns an der nächsten Gabelung rechts. Von hier führt der Weg auf verschlungenen Pfaden entlang des Bachs zurück zur Schlossstraße und nach Kühlungborn.

Wer die Wanderung durch die Kühlung Richtung Bastorf fortsetzen möchte, wendet sich nach der Überquerung der Cubanze nicht rechts, sondern links und kommt so nach **Wichmannsdorf.** Dort angekommen, nimmt man den ersten Weg rechts. An dessen Ende wendet man sich wieder nach rechts. Hier hat man einen schönen Blick auf Wiesen und Felder der Kühlung. Schon nach 300 Metern biegt man wieder links ab auf einen unscheinbaren Feldweg. Dieser führt durch das Wäldchen *Bastorfer Holm* und schließlich auf einen Fahrweg, der nach **Bastorf** weiterführt (▸ Seite 106).

Den zahlreichen Hinweisen folgend, gelangt man zum **Bastorfer Leuchtturm** (▸ Seite 106). Spätestens hier hat man sich eine ausgedehnte Rast verdient. Am Fuß des Leuchtturms lädt das *Café Valentins* (▸ Seite 106) mit Panoramablick auf Kühlungsborn und die Ostsee ein.

Der schönste Weg zurück nach Kühlungsborn führt nun über **Kägsdorf** (▸ Seite 105). Dorthin zweigt, vom Bastorfer Leuchtturm kommend, rechts ein Feldweg ab, der den Hügel hinunterführt. Über das beschauliche Kägsdorf wandert man bald auf dem Europäischen Fernwanderweg E9 Kühlungsborn entgegen.

Vom Leuchtturm in Bastorf hat man einen grandiosen Blick auf die Küstenlandschaft

N
1000 m
O s t s e e
Kühlungsborn
Tour 6 Start
Kühlungsborn West
Kühlungsborn Ost
Bastorfer Signalberg
Leuchtturm
St.-Johannis-Kirche
Bastorf
Gutshof Bastorf
Golf- und Landesresort
Wittenbeck
Wichmanns-dorfer Holz
Kühlung
Bastorfer Holm
Mechelsdorf
Wichmanns-dorf
Diedrichs-hagener Berg
Hohen Niendorf
Westhof
Wischuer
Diedrichs-hagen

Tour 7: Von Kühlungsborn nach Rerik

▸ TOURDATEN

Charakteristik: Radtour mit leichtem Anstieg auf guten Wegen abseits der Straße

Strecke: Kühlungsborn West – Kägsdorf – Meschendorf – Rerik und zurück

Entfernung: ca. 20 km (hin und zurück)

Dauer: 4-5 Stunden

Einkehrtipp: Ristorante Montalbano (▸ Seite 115)

Tipp: Verlängerungsmöglichkeit durch Tour 8 (▸ Seite 140)

Zwar kein Geheimtipp, aber einer der schönsten Ausflüge an der Ostseeküste ist diese Radtour. Dabei streift man idyllische Siedlungen am Meer, lernt Großsteingräber kennen und landet schließlich im sympathischen Seebad Rerik.

Start ist am Balticplatz in Kühlungsborn. Über Tannenstraße und Waldstraße verlassen wir das Seebad auf dem Ostseeküstenradweg Richtung Westen. Bald macht der Fahrweg einen Knick nach links, dann nach rechts, und schon sehen wir ihn linker Hand vor uns stehen: den Leuchtturm auf dem **Bastorfer Signalberg** (▸ Seite 106). Ob man auf den Berg hinaufstrampelt, oder sich dafür lieber eine gemütliche Wanderung vornimmt – Ansichtssache. In jedem Fall durchquert man bald das freundliche Dörfchen **Kägsdorf** (▸ Seite 105). An der Abzweigung Richtung Rerik hat man Gelegenheit, im dortigen Imbissgarten einzukehren, und sich die Sache mit dem Aufstieg zum Leuchtturm noch einmal zu überlegen.

Weiter auf dem Ostseeküstenradweg geht es auf der Straße *Am Strande* vorbei am ehemaligen Gutshaus Richtung Küste. Dort angekommen, lohnt ein Blick auf die bizarren Steinformationen am Kägsdorfer Strand. Der Radweg knickt scharf links ab und verläuft von nun an landeinwärts parallel zum Meer. Bald ist **Meschendorf** (▸ Seite 106) erreicht, eine winzige Ansiedlung. Fährt man in die kleine Stichstraße an der Abzweigung Richtung Ostsee, ahnt man, wie still und abgeschieden der Ort ist.

Weiter Richtung Rerik bieten sich bald schöne Ausblicke auf die Ostsee. Hinter der Abzweigung nach Mechelsdorf haben unsere Urahnen Spuren hinterlassen: Ein Großsteingrab, *Urdolmen von Neu Gaarz* (▸ Seite 110) genannt, steht unweit des Fahrweges. Seit rund 3000 Jahren gibt es die Grabanlage. Weitere eindrucksvolle Großsteingräber findet man rund um Rerik.

Bald ist das Ostseebad **Rerik** (▸ Seite 108) erreicht. Wer immer geradeaus fährt, kommt bald im ältes-

Ostsee
Kühlungsborn West
Tour 7 Start
St.-Johannis-Kirche
Bastorf
Gutshof Bastorf
Leuchtturm
Bastorfer Signalberg
Riedensee
NSG
Kägsdorf
Meschendorf
Großsteingrab
Ruding-kuppe
Großstein-grab
Neu Gaarz
Wendelstorf
Mechelsdorf
Westhof
Hohen Niendorf
Wischuer
Garvsmühlen
Wichmannsdorf
Wichmanns-dorfer
Bastorfer Holm
Kühlung
Holz
Cubanze
Diedrichs-hagener Berg
Rerik
Salzhaff
N
1000 m

ten Teil der Stadt an der frühgotischen Backsteinkirche (▶ Seite 110) von 1250 vorbei. Weiter den Hügel hinabgeradelt, erreicht man den Haffplatz. Hier auf der Landzunge liegt rechts die Ostsee mit der Seebrücke, links das Salzhaff mit dem Hafen von Rerik – ein wahrhaft maritimer Ort. Den besten Überblick bekommt man vom Schmiedeberg (▶ Seite 110). Der Aufstieg zu dem einstigen Burghügel beginnt gleich an der Seebrücke.

Wieder unten angelangt, bietet sich der Haffplatz mit seinen Restaurants und Cafés für eine Rast mit Blick aufs Salzhaff an.

Tour 8: Von Rerik nach Neubuckow

▶ *TOURDATEN*

Charakteristik: Radtour auf guten Wegen überwiegend abseits der Straße

Strecke: Rerik – Roggow – Russow – Neubuckow und zurück

Entfernung: ca. 22 km (hin und zurück)

Dauer: 4-5 Stunden

Einkehrtipp: Gaststätten am Marktplatz von Neubuckow

Tipp: Auch als Verlängerung von Tour 7 (Tagesausflug)

Vom Salzhaff zur Geburtsstadt Heinrich Schliemanns: Diese Radtour führt durch beschauliche Dörfer nach Neubuckow, wo man in einer Gedenkstätte den Spuren des Troja-Entdeckers folgen kann.

Die Tour beginnt am Haffplatz in Rerik. Auf dem Ostseeküstenradweg geht es Richtung Süden. Bis Roggow fährt man auf dem parallel zur Landstraße verlaufenden Radweg. Rechter Hand am Haff liegen typische Salzwiesen.

An der zweiten Kreuzung in **Roggow** biegt man links ab in Richtung Russow und steuert dem Ort auf einer kaum befahrenen Allee entgegen. **Russow** sieht aus, wie man sich ein Dorf im Hinterland der mecklenburgischen Ostseeküste im besten Sinne vorstellt: Mehr oder weniger liebevoll renovierte Gehöfte, in der Mitte eine von einer Feldsteinmauer eingefasste große Backsteinkirche. Sogar ein Gasthaus gibt es. Umgeben wird das Dorf von Wiesen, Feldern und kleinen Alleen.

Von Russow aus führt die ruhige Allee weiter in Richtung Neubuckow. Sie endet an einer lebhaften Landstraße, an der man ca. 500 Meter entlangfahren muss, um zum Ortseingang von **Neubuckow** zu gelangen.

Von hier folgt man dann den Wegweisern zur **Heinrich-Schliemann-Gedenkstätte** und fährt über ruhige Ortsstraßen durch das Landstädtchen. Heinrich Schliemann wurde 1822 in Neubukow als fünftes Kind des Pfarrers Ernst Schliemann geboren. Berühmt wurde er mit seinen Ausgrabungen in Troja, Mykene und anderen Orten. Er machte die antike Kulturgeschichte wieder populär. In der Gedenkstätte im ehemaligen Rektorhaus der Stadt berichten Infotafeln und Fotos über das Leben Schliemanns und über seine Ausgrabungen. Gezeigt werden auch Originalfundstücke aus Troja und Nachbildungen aus Mykene, unter anderem die Maske des Agamemnon (Am Brink 1 | 18233 Neubukow | Tel (03 82 94) 1 66 90 | Apr.–Okt. Di–So 10–17 Uhr, Nov.–März Di–Fr 10–16 Uhr, Sa 13–16 Uhr).

Gleich um die Ecke der Gedenkstätte liegt der quadratisch angelegte Marktplatz mit dem Rathaus von 1790. Weitere Sehenswürdigkeiten in Neubuckow sind die Kirche mit einem Turm aus dem 15. Jahrhundert und eine Galerie-Holländer-Mühle von 1910.

Ortspläne

Tourenkarten

Der Autor

Klaus Scheddel, Jahrgang 1958, ist Gründer und Verleger des via reise verlags. Seit vielen Jahren gehört die Ostsee zu seinen Lieblingsreisezielen. An der Region rund um Kühlungsborn begeistert ihn besonders die abwechslungsreiche Landschaft und die großartigen Seebäder.

Liebe Leserinnen und Leser,

alle Angaben in diesem Reiseführer sind gewissenhaft geprüft. Trotz gründlicher Recherche unserer Autoren/-innen können sich manchmal Fehler einschleichen. Wir bitten um Verständnis, dass der Verlag dafür keine Haftung übernehmen kann.

Über Hinweise, Berichtigungen und Ergänzungsvorschläge freuen wir uns jederzeit:

via reise verlag
Lehderstraße 16–19
13086 Berlin
E-mail: post@viareise.de
www.viareise.de

2. vollständig überarbeitete und aktualisierte Auflage 2014

ISBN 978-3-935029-78-0

Text & Recherche
Klaus Scheddel

Redaktion
Janina Johannsen

Layout & Gestaltung
Tanja Onken, Annelie Krupicka

Kartografie
Tanja Onken, Annelie Krupicka

Druck
Ruksaldruck, Berlin

FSC www.fsc.org MIX Papier aus verantwortungsvollen Quellen FSC® C104247

Fotos
Klaus Scheddel, außer:
Bundesarchiv, Bild 183-B0705-0002-003/CC-BY-SA 16; Mike Junker 107; Maja Kunze 64; Kurverwaltung Rerik 113, 114; Georg David Matthieu 15; Rauenstein 136; Rosenzweig 12; Andreas Trepte, www.photo-natur.de 13; TSK GmbH 103

Umschlag vorn
Strand in Kühlungsborn
(Klaus Scheddel)

Umschlagklappe vorn
Am Alten Strom in Warnemünde
(Klaus Scheddel)

Umschlag hinten
Strandweg bei Heiligendamm
(Klaus Scheddel)